CREENCIAS
DE NUESTROS ANTEPASADOS

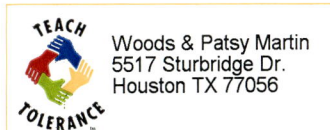

Woods & Patsy Martin
5517 Sturbridge Dr.
Houston TX 77056

CREE

NCIAS

DE NUESTROS ANTEPASADOS

Fotografías

Maruch Sántiz Gómez

Textos: Hermann Bellinghausen

Carlota Duarte y Gabriela Vargas Cetina

Diseño y edición
PABLO ORTIZ MONASTERIO

Revisión de textos
PATRICIA GOLA

Coordinación editorial
CARLOTA DUARTE

Primera edición 1998
© Maruch Sántiz Gómez
ISBN 970-18-1111-9
Hecho en México

CREENCIAS
DE NUESTROS ANTEPASADOS

CENTRO DE LA IMAGEN

ciesas

Casa de las Imágenes

ESTA PUBLICACIÓN FUE POSIBLE GRACIAS AL PATROCINIO DE LA FUNDACIÓN FORD.

Las fotografías de Maruch

En enero de 1993, Maruch me pidió una cámara para usar durante el fin de semana. Pocos días después, cuando ya había procesado la película y me mostró las hojas de contacto, me conmovieron profundamente su visión y sus ideas. También me alegré de haber permanecido fiel a mi intención original de no intervenir o influir en las imágenes de aquéllos a quienes yo estaba enseñando fotografía.

Mi propósito al crear el Proyecto Fotográfico de Chiapas, en 1992, fue — y continúa siendo — el de facilitar a la gente indígena el acceso a implementos y materiales fotográficos, ayudándoles a adquirir habilidades en el uso de la cámara y en los procedimientos del cuarto oscuro. Quería animarlos a que utilizaran la fotografía para sus propios fines, y que se sintieran libres de escoger sus propios temas y acercamientos. Mi experiencia con Maruch, al principio del proyecto en Chiapas, marcó mi trabajo en el Archivo Fotográfico Indígena, donde también intenté

The photographs of Maruch

In January of 1993 Maruch asked for a camera to use for the weekend. A few days later when she had processed the film and showed me the contact sheet I was deeply moved by her vision and her ideas. I was also grateful that I had remained faithful to my original intention not to interfere or influence those I was teaching regarding their imagery.

My interest in starting the Chiapas Photography Project in 1992 was — and remains — to offer indigenous people access to the tools and materials of photography, to help them develop skills in camera use and darkroom procedures and to encourage the use of photography for their own purposes. I also wanted them to feel free to choose their own subjects and to make pictures according to their way of seeing. My experience with Maruch at the beginning of the project in Chiapas, has marked my work at the Indigenous Photography

L A S   F O T O G R A F Í A S   D E   M A R U C H

ser fiel a mi idea de ofrecer a otros grupos la posibilidad de utilizar la fotografía para sus propios fines.

Desde el principio, yo tenía un interés, tanto personal como artístico, por ver el tipo de imágenes que crearían, pudiendo disponer libremente de una cámara, sin expectativas del exterior, sin estar familiarizados con la historia de la fotografía, y con una cultura menos marcada que la mía por las imágenes fotográficas. Cuando Maruch me mostró sus fotos, me alegré mucho al ver lo que había hecho. Ella había usado la fotografía de una manera muy original, atendiendo sus propios intereses y los de su comunidad. Maruch creía que las fotografías hablaban o de algún modo encarnaban la realidad.

Como artista visual, las fotografías de las **Creencias** me intrigan porque además de preservar las tradiciones, tienen el poder de cambiarlas, debido a la manera en que Maruch ha representado ciertos

Archive, where I continue to offer other groups the possibility of using photography for their own ends.

From the beginning I also had a personal artistic interest in seeing what kind of images might be created by those who had free use of a camera with no expectations from outside, had no familiarity with the history of photography and whose culture was less marked than my own by photographic images. When Maruch showed me her photographs I was more than gratified at what she had done, for she had used photography in an original way for her personal interests and those of her community. She believed that the pictures speak or somehow embody or capture reality.

As a visual artist the photographs of the Creencias *intrigue me because in addition to preserving traditional beliefs, the photographs seem to have the potential to change those beliefs due to*

THE PHOTOGRAPHS OF MARUCH

elementos de las creencias mismas. Me pregunto si las cosas que ha incluido en las imágenes que no pertenecían a la creencia original —por ejemplo, la canasta (en la que ella ha puesto el tronco de la col)— podrían entrar de algún modo a formar parte de la tradición oral. Me pregunto cuál es el poder real de las imágenes.

Las fotografías y los textos de las **Creencias** son para mí evidencia de lo que cualquier herramienta puede ser en las manos de una artista.

the particular manner Maruch has represented certain elements of the beliefs. I wonder if things she includes in the pictures which are not part of the creencia *— for example, the basket (in which she has put cabbage stalk) — might somehow make their way into the oral tradition. I wonder about the power of images.*

The Creencias *photographs and texts are for me evidence of what any tool can be in the hands of an artist.*

Carlota Duarte Directora del Archivo Fotográfico Indígena, CIESAS

Agradezco a Norman Collins y a la Fundación Ford; también a todos aquéllos que han contribuido al Proyecto Fotográfico de Chiapas.

I wish to thank Norman Collins and the Ford Foundation; I also thank all those who have contributed to the Chiapas Photography Project.

Creencias de Maruch Sántiz:
Un puente entre las épocas y las culturas

Las *Creencias* de Maruch Sántiz expresan lo que los ancianos cuentan, pero también lo que muchos de nosotros hemos intuído en todas las culturas: que quizás halla algo, en alguna región del tiempo, del espacio o del infinito, que pueda alterar nuestra vida cotidiana.

Las *Creencias*, como Maruch las plasma, son un puente en el tiempo: establecen una comunicación entre las generaciones que conservaron la memoria —las que supieron que no todo es observable a simple vista— y las generaciones de quienes hemos sido educados en la duda sistemática. También son un puente entre la cultura de Maruch y la nuestra, que nos permite ver que tenemos mucho en común: la facultad de dar, creer e inventar explicaciones que trascienden nuestra individualidad humana. Maruch tiene, además, la capacidad de representar con imágenes lo que algunos sólo podemos expresar con palabras. Uniendo la composición plástica al texto, ella nos regala su versión de las *Creencias*, y así convierte al patrimonio chamula en legado universal.

Creencias by Maruch Sántiz:
A bridge between times and cultures

Maruch Sántiz' Creencias *express what the elders say but they also express what many of us have intuited in all cultures: that perhaps there is something in some region of time, space or infinity that could affect our daily life without us knowing why.*

The Creencias *as given to us by Maruch are a bridge in time. They create communication between the generations which preserved memory — those who know that not everything is readily apparent — and those who have been educated in systematic doubt. The* Creencias *are also a bridge between Maruch's culture and ours which shows us that we have much in common: the ability to give, create and invent explanations that transcend our individuality. Moreover, Maruch has the gift to represent with images that which some can only express in words. Combining expressive composition and text, she gives us her version of the* Creencias *and thus transforms the Chamula inheritance into a universal legacy.*

En las *Creencias* de Maruch, la fotografía deviene discurso creativo, cargado de emoción y de significados múltiples. Cada imagen se construye a partir de elementos heterogéneos. La fotografía es en Maruch una forma de narración visual. Ella no retrata la vida, sino que construye imágenes a partir de lo que en la vida "no se ve". En 1993, Maruch comenzó a tomar fotografías para ilustrar sus textos. Maruch ha dicho: "La foto se puede leer, y es más fácil de comprender que los textos, porque mucha gente no sabe leer las letras". Algunas creencias se las habían contado su mamá, su papá, sus abuelos y bisabuelos. Otras las recogió entre las ancianas y ancianos de su natal Cruztón, y de otros parajes cercanos.

Maruch quiere que las nuevas generaciones chamulas conozcan el legado cultural de los ancianos para que aprendan y recuerden. Si bien las fotos, como dice Maruch, se pueden leer, es para nosotros una gran fortuna contar con fotógrafas que, como ella, son capaces de hacer poesía visual, de construir puentes de entendimiento que trascienden el tiempo y las culturas.

In Maruch's Creencias, *photography becomes creative discourse, charged with emotion and multiple meanings. Each image is constructed of heterogenous elements. With Maruch, photography is a form of visual narrative. She does not portray life, but constructs images from what in life cannot be seen. In 1993 Maruch began to take photographs to illustrate her texts. She has said: "The photos can be read, and it is easier than understanding the texts because many people do not know how to read words." Some* Creencias *have been recounted by her mother, her father, her grandparents and great grandparents. Others she has gathered from elders in her birthplace, Cruztón and in other nearby Chamula hamlets.*

Maruch wants the new Chamula generations to know the cultural legacy of the elders, so that they learn and remember. If, as Maruch says, photographs can be read, it is fortunate for us to have photographers who like her, are able to make visual poetry, to construct bridges of understanding that transcend time and cultures.

Gabriela Vargas Cetina Investigadora del CIESAS-Sureste.

CALIGRAFÍA DE LAS COSAS

1. Los retratos de cosas, que no naturalezas muertas, ocurren en el suelo; a ras de ojo, repollo, rastrojo y carrizo. Lazo, escoba, comal y agua son, por delante de la creencia, la cosa misma, su poder de alma en la cosa. Su significado, la creencia, está en la imagen misma.

En este sentido, las fotos de Maruch Sántiz Gómez son iconografía, la representación de un conocimiento. En tzotzil, la imagen no necesita explicación, le basta llamarse. ***Tzu***, o calabaza en el umbral, invoca al perro perdido.

No hace falta señalar la belleza formal de estas fotografías. Siguen la línea existencial de las comunidades chamulas, que con su aparente sencillez incorporan la belleza de cada objeto que producen a la sustancia del entorno. La obstinación de la mujer tzotzil por bordar su vestimenta, coser la lana de su falda, obedece a un ***joie de vivre***, también manifiesto en las viviendas, en la disposición de las precarias pertenencias de su vida rural, la caligrafía que dan a los objetos.

A CALLIGRAPHY OF THINGS

1. Pictures of things, not still life pictures, take place on the ground, at eye level. Cabbage, stalks and reeds, rope, broom, griddle and water are, exist before belief. The soul of the thing itself is the thing. Its meaning, the belief, lies in the image itself.

In this sense, Maruch Sántiz Gómez's photographs are an iconography, the representation of a knowledge. In Tzotzil, the image does not need an explanation, only a name. Tzu, *a squash, is put in the doorway to lure back the lost dog.*

The essence of these photographs does not lie in their formal beauty. They follow the existential current of the Chamula communities, which with their apparent simplicity incorporate the beauty of every object they produce into the substance of their surroundings. The Tzotzil woman's persistence in embroidering her clothes, weaving the wool for her skirt, responds to a joie de vivre, *also present in the houses, in the arrangement of the precarious belongings of their rural life, the*

2. ¿Qué hace a la obra de arte? ¿Su construcción armónica en el espacio de gracia, donde nada falta, nada sobra? La soga de Maruch es un soneto de Quevedo, comparte la misma exactitud de sílabas, la misma entonación en el recuerdo. La fronda seca de una rama invertida es ya la historia toda de hechizos y casas barridas a deshoras, polvareda de la equivocación, lo que los clásicos llamarían un "drama rural", la fatalidad desatada.

Maruch registra en su código fotográfico las creencias habituales de su pueblo, los sencillos y gélidos objetos que llenan de calor los signos de la vida. Ni que fuera para tanto.

3. Si los puercos bailan, es que va a llover ese día. Lectura de los signos y sistematización de la fábula, el ánimo ejemplar, mas no moralista de las creencias tzotziles, respira lo que sí y lo que no se ha de hacer. Consideran la fatalidad, y la manera de prevenirla.

Es malo vernos en el espejo en la noche, porque se tapa uno la vista. El espejo, el telar, el cesto, el chayote, la soga, la peineta, el perro muerto y las hojas de bejao son retratados al ras, vistos de la única manera que se mira al suelo: de arriba.

Los objetos parlantes que parecen mudos constituyen un pequeño cosmos, en la apretada extensión del

calligraphy they give to objects.
2. What does this do to the work of art? To its harmonious construction in the charmed space where nothing is missing and nothing superfluous? Maruch's rope is a Quevedo sonnet, it shares the same exactitude of syllables, the same mnemonic intonation. The dry frond of an inverted branch is already the complete history of magic and houses swept at odd times, what the classics would call a "rural drama," fatality unleashed.

Maruch records in photographic code her peoples' customary beliefs, the simple and icy objects that fill signs with life and heat. No need to make a fuss.

3. If the pigs are dancing it means it's going to rain that day. *A reading of the signs and a systematizing of the fable, exemplary in spirit yet not moralistic of Tzotzil beliefs, breathes what must and must not be done. They contemplate fatality and how to forestall its course.*

It's bad to see ourselves in the mirror at night, because our sight will be obstructed. *The mirror, the loom, the basket, the rope, the comb, the dead dog and the bejao leaves are pictured on their own level; there is but one way to look at the ground: looking down.*

Talking objects that seem mute form a small cosmos in the cramped expanse of Maruch Sántiz's family plot. Her mother, her little brother, her lambs, dogs, cats, pigs

predio familiar de Maruch Sántiz. Le sirven de modelos su madre, su hermanito, sus borregos, perros, gatos, puercos y pollos. *Es malo soplar en la boca de un niño porque nos muerde*. Estas consejas ilustradas son a fin de cuentas un breviario del sentido común enfrentado al capricho de la fatalidad y la creencia.

Un manual de prevenciones prácticas que refleja la mentalidad de un pueblo familiarizado con lo sobrenatural.

La visualización de los temores, los sueños y las equivocaciones opera como un conjuro. Una negación. Estamos viendo lo que no debíamos ver, para que no lo veamos nunca.

4. El arte moderno se ha preocupado por las texturas, y hoy que busca materializarse en instalaciones, recibe las texturas por añadidura, merced a los objetos que instala. La representación casi zen de Maruch, compuesta de suelo, una cesta con chiles secos (*bek' ich*) y la criba de su sombra remite, por el camino de la prohibición ("malo sonar las semillas del chile") al crepitar de sombra que, en su mudez inmóvil, sentimos escuchar.

Las imágenes de Maruch Sántiz son hospitalarias, no nos andan regateando su sentido, y menos aún sus apariencias.

En el pensamiento tzotzil, el concepto está en la

and chickens are her models. It's bad to blow in the mouth of a child because (s)he will bite you. ***These illustrated tales are after all a compendium of common sense brought face to face with the quirks of fatality and belief.***

A practical prevention manual that reflects the mentality of a people familiarized with the supernatural.

The visualization of fears, dreams and misunderstandings works like a conjuration. A denial. We are seeing what we shouldn't have seen, so we never see it again.

4. *Modern art has been concerned with textures and now that it seeks to materialize in the form of installations, textures are added to its surface at the mercy of the objects it installs. Maruch's Zen-like representation, composed of ground, a basket filled with dried chili peppers (*bek'ich*) and its sieve-like shadow remits by way of prohibition* (it's bad to shake chili pepper seeds) *to the crackling of shadow that, in its motionless silence, we sense we hear.*

Maruch Sántiz's images are welcoming, they do not spare us their meaning and even less their appearances.

In Tzotzil thought the concept lies in the thing. Not even God is abstract; this is why missionaries, in their colonial stuffiness, think of them as pagans.

cosa. Ni siquiera Dios es abstracto; por eso los misioneros, en su cerrazón colonial, los consideran paganos.

La prohibición va implícita entre el tarro del agua y las tortillas trazadas sobre el comal, un comal luminoso, lunar. El tizón y las cenizas sobre la tierra son el firmamento, un delicado apocalipsis sideral.

5. La esfera rural de los tzotziles aún no alcanza, pese a los esfuerzos públicos y privados, el paraíso de los desechos industriales. Aquí los objetos no son desechables. Una lata abierta dura años en servicio, una bolsa de plástico tiene ocho vidas.

La carga práctica y simbólica de cada cosa, como los parajes, es muy grande. En el campo tzotzil, cada recodo del camino tiene nombre, su propia lumbre; ciertas piedras grandes, las lomas y promontorios, los agujeros del terreno. Y una vida. Cada cosa tiene vida propia. Las patas muertas de un pollo hablan de niños vivos, un pollo vivo y las garras inescapables del castigo.

6. Y dice la voz de la tradición que si dejas la mazorca a medio desgranar, el temible ***tzucumo*** (gusano azotador) pisará tus ropas. Y si pasas sobre el telar, se enredarán los hilos del bordado. Cada cosa un mundo. "Cada cosa es Babel" escribió Eduardo Lizalde: "Ésta es la cosa muda, el trino degollado / que me lleva por nombre / dice el nombre, un aura, / y propala esta gloria, / esta

Prohibition wanders implicitly between the earthenware cup and the tortillas laid out on the griddle, a luminous, lunar griddle. The incandescent cinder and soot on the ground are the sky, a delicate astral apocalypse.

5. *Despite public and private effort, the rural domain of the Tzotziles still hasn't reached the paradise of industrial waste. Here objects are not disposable. An empty can lasts through years of service, a plastic bag has ten lives.*

The practical and symbolic load of each thing is as great as the land is vast. On Tzotzil land, each bend in the road has a name, a radiance of its own, and so do some large rocks, the hills and promontories, the hollows in the terrain. And a life. Each thing has a life of its own. Dead chicken feet talk about living children, a live chicken and the inescapable clutches of punishment.

6. *And the voice of tradition says that if you leave the corncob half-shelled, the horrible* tzucumo *caterpillar will crawl over your clothes. And if you step on the loom, its threads will get tangled. Each thing a world. "Everything is Babel", wrote Eduardo Lizalde: "This is the mute thing, a throat-cut trill / that bears my name / says the name an aura / and*

razón de mago es la cocina, / denso estar de la cosa entre las cosas / por el mundo".

Si el niño babea, se le pasan por la boca tres libélulas. Si se sopla el fuego con un sombrero, el dueño sentirá mareo. Si una persona ronca, se le mete una cola de lagartija por las fosas nasales.

El mundo no tiene que ser más grande que el patio de una casa campesina para ser inmenso, poblado de presencias.

7. El lenguaje universal de la fotografía, como todos los instrumentos de la técnica (video, computadoras, cine, estudios de grabación sonora) llega siempre, más temprano que tarde, a la evidencia de no ser ningún esperanto. En manos del verdadero artista, la técnica adquiere un acento único, nuevo y revelador; dice lo que nadie más podría decir.

Maruch Sántiz Gómez, de Cruztón, chamula, no lejos del santuario de Tzontehuitz, accede, sola y su magia, al corazón secreto de las cosas, y las revela. En la mirada trae su firma.

Maruch Sántiz no es la primera en retratar las cosas, pero lo hace como si fuera. Tampoco Cézanne fue el primer hombre que veía una manzana.

Hermann Bellinghausen

spreads this glory, / the magician's raison d'être *is the kitchen / dense presence of things among things / through the world."*

If a child drools, his mother passes three dragonflies in front of his mouth. A man will get dizzy if he uses his hat to fan the fire. If someone snores, a lizard tail is put in his nostrils.

The world need not be bigger than the yard of a rural house to be immense, peopled with presences.

7. Like any other instrument of technique (video, computers, film, recording studios), the universal language of photography always falls short, sooner rather than later, of being any kind of Esperanto. In the hands of a real artist, technique acquires a unique accent, new and revealing; it says what no one else could say.

Out of Cruztón, Chamula, not far from the shrine of Tzontehuitz, Maruch Sántiz Gómez — she and her magic — accedes to the secret heart of things and exposes them. Her gaze is her signature.

Maruch Sántiz is not the first to photograph things, but she does so as if she were. Neither was Cézanne the first man to see an apple.

Translation: Richard Moszka

MESOB

NO BARRER LA CASA EN LA TARDE DO NOT SWEEP THE HOUSE IN THE AFTERNOON

Mu xtun jmes jnatik ta bat k'ak'al, chch'ay jve'ebtik chijpas ta me'on mi ja'uk xa jtatik tak'in.

Es malo barrer la casa por la tarde, porque puede desaparecer la suerte hasta que uno se quede sin dinero.

It is bad to sweep the house in the afternoon because you can become so unlucky that you will lose all your money.

CHABAJEL TA VAECHIL

LABRANDO EN SUEÑOS   TO DREAM OF TILLING

Mi chijchabaj ta jvaechtike, yu'un oy buch'u chcham.

Si uno sueña que está labrando, es que alguien va a morir.

If someone dreams that they are tilling the soil it is because someone will die.

UNIN IXIM

ELOTE   CORN COB

Mi chkixintik unin ixime, mu xtun jkechantik ta o'lol, mi la jkechantike chtal noch'luk tzukum ta jk'u'tik.

Si uno está desgranando elotes, es malo dejar el trabajo a la mitad, porque puede aparecer al ratito un *tzucumo* en la ropa.

If you leave half an ear of corn with kernels a caterpillar will soon appear in the clothes.

SNI' SI'

La punta de leña   Tip of firewood

Mu xtun jk'atinbetik ba'yel li sni' si'e, ta xijbakil cham, xchi'uk buch'u xchi'uk yol antzetike, lok'el la chva'i ti olole.

Es malo quemar primero la punta de la leña, se puede uno morir muy flaco. También a las mujeres embarazadas se para el bebé.

It is bad to burn first the tip of the firewood because one could die very thin. Also pregnant women will have a miscarriage.

APUBIL

NO TOMAR AGUA DE DONDE SE LAVAN LAS MANOS AL TORTEAR

DO NOT DRINK THE WATER USED FOR HANDWASHING WHILE MAKING TORTILLAS

Mu xtun xkuch'tik apubil, mi la kuch'tike chijpas la ta tze'etel risano ko'ol xchi'uk chijpas ta chuvaj xkaltik.

No se debe tomar agua de donde se lava uno las manos al tortear. Si toma, uno puede quedar muy risueño, como loco.

One should not drink the water used for washing hands while making tortillas since if you drink it you might end up grinning like a crazy person.

TZ'UNUN

EL COLIBRÍ DE NOCHE   THE NIGHT HUMMINGBIRD

Mi xtz'ijtz'un ech'
tz'unun ta ak'obaltike,
yu'un chbijubtasvan mi
oy buch'u ch-ipaje.

Si pasa chiflando
un colibrí en la noche,
es un aviso que alguien
se va a enfermar.

If a hummingbird passes
whistling in the night, it is a
warning that someone is
going to become ill.

YO' SNA' SUT TALEL TA SNA CH'AYEMAL TZ'I'E

PARA LLAMAR A CASA A UN PERRO PERDIDO   **HOW TO CALL HOME A LOST A DOG**

Yo' sna' sut talel ta sna ch'ayemal tz'i'e; chich' chotanel nene' bin ta o'lol ti' na, chich' majolanbel sti' li bine, chich' albel oxbel sbi: ¡La' me, li' me anae! ¡La' me, li' me anae! ¡La' me, li' me anae!, chich' utol un. Ti tz'i'o tzut talel ta yok'omal, mi ta xcha'ejal k'uxi. Mi ch'abal bine xu' tzu xich' ok'esanbel oxbel.

Para que regrese a casa un perro perdido, se asienta un jarrito de barro enmedio de la puerta, se le pega a la boca del jarrito, se le dice tres veces el nombre del perro: ¡Ven, aquí está tu casa! ¡ven, aquí está tu casa! ¡ven, aquí está tu casa!, se le dice. El perro regresará al día siguiente o al tercer día. Si no hay un jarrito, se puede soplar tres veces un tecomate.

To call back home a lost dog, you place a small a clay jar in the middle of the doorway, you tap the mouth of the jar, saying the name of the dog three times: Come here's your house! Come, here's your house! Come, here's your house! is what you say. The dog will come back the next day or the third day. If you don't have a jar, you can blow into a gourd three times.

SMETZ'UL BUCH'U LOK'EL XJOKET XNI' CHVAYE

PARA CURAR A ALGUIEN QUE RONCA MUCHO **HOW TO CURE SOMEONE WHO SNORES A LOT**

Buch'u lok'el xjoket sni' chvaye, chich' pak'bel varachil ta sni' ak'alal ochem svayele, mi mo'oje chich' tik'bel sne utz'utz'ni'. Mi jech yich' pasbele mu xa xjoketaj o sni', ja' ti xchechluj ta xi'el ak'alal chjulav ti va'i s'elan chich' sibtasele.

Si una persona ronca mucho al dormir, se le da un pequeño golpe con huarache en la nariz, o se le introduce la cola de una pequeña lagartija en una de sus fosas nasales. Hecho alguno de estos remedios, ya no volverá a roncar, porque se tiene que sobresaltar cuando despierte.

If someone snores a lot, you can hit him lightly on the nose with a sandal or insert a little lizard's tail up one nostril. By doing either of these things, that person will not snore again, because he will have to jump up awake.

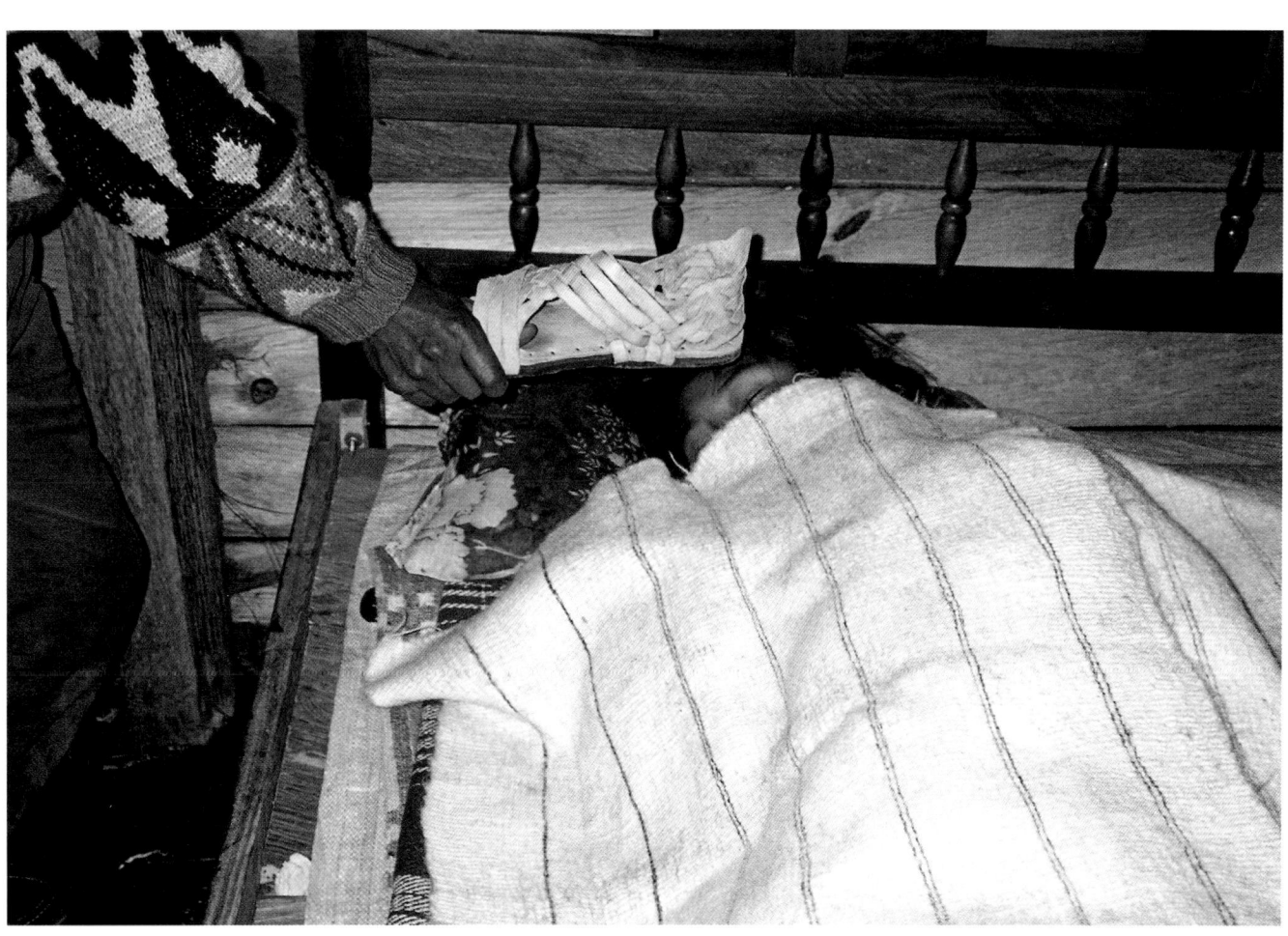

SLEB SEMET

NO DEBEN VERSE LOS BRILLOS DEL COMAL AL SACARLO DEL FUEGO

DO NOT LOOK AT THE SPARKS FROM THE GRIDDLE WHEN YOU TAKE IT OFF THE FIRE

Ak'alal chich' likel
lok'el ta k'ok' li semete,
mu xtun jk'eltik li
slebe, ta xch'i ta jsatik
ja' la tzlok'ta li
butumtike.

Al sacar del fuego el comal, no se deben ver las chispitas que se forman, porque nos crecen granos en la cara, así como se ve en el comal.

When you take the griddle off the fire you cannot look at the little sparks it makes because some pimples will appear on your face just like the ones seen on the griddle.

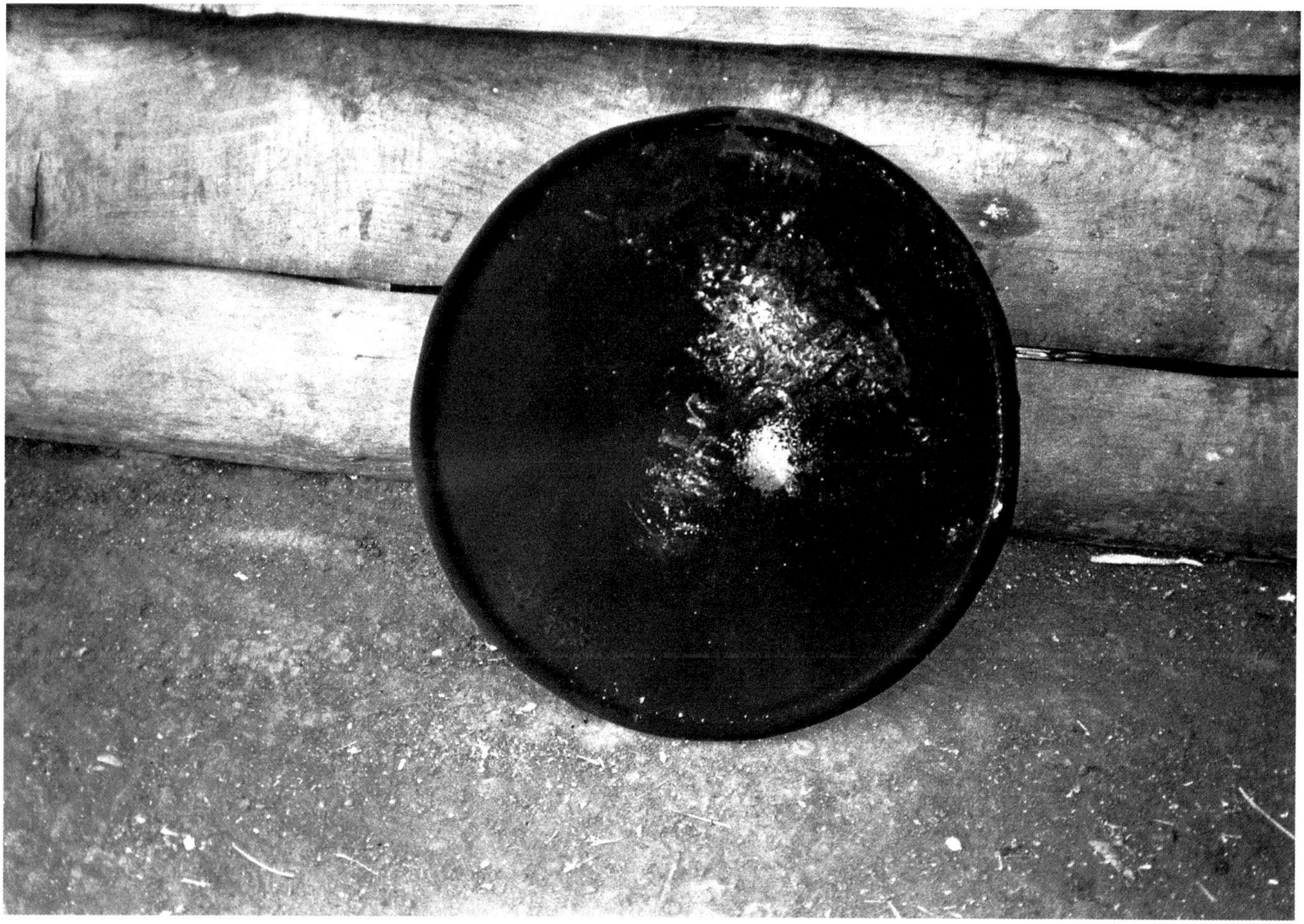

MU XTUN SLAP MOCH OLOL

No utilizar la canasta como sombrero   Do not use a basket as a hat

Mu xtun slap ta sjol moch olol, mi la slape ak'alal stzake ta xalampiae mu la skajtzaj, ta xbat ta yo'onton ti xal xcham oe.

No se debe utilizar (especialmente los niños) la canasta como sombrero, porque cuando uno se llega a enfermar de sarampión, dicen que no se va a formar bien el sarampión: que va a crecer dentro del corazón y puede ser hasta la muerte.

Children especially should not use a basket as a hat because when a child has measles, the measles will grow in his heart and he could die.

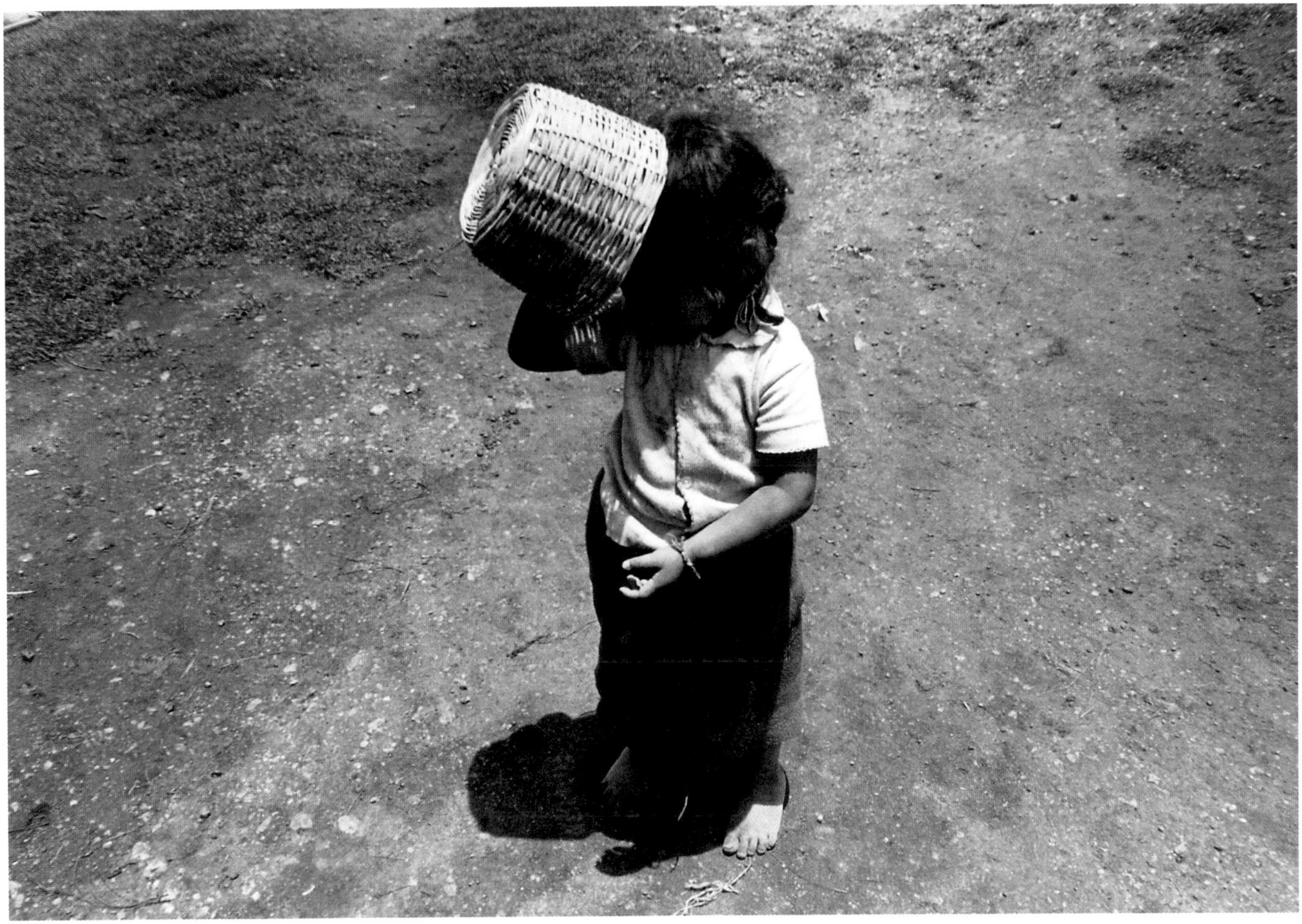

TZ'UJUB

NO SENTARSE DONDE GOTEA EL TECHO   DO NOT SIT WHERE DROPS FALL FROM THE ROOF

Mu xtun xijchotiotik ta yalob tz'ujub, yu'un chijpas ta jtub ik', xchi'uk mi o'lol xa k'akale mu xtun xijchotiotik yu'un mu xa la xij'alaj mu xa xijnich'naj o.

No es bueno sentarse donde cae gotera del techo, porque le puede dar a uno enfermedad de ataque. Además, cuando a las 12 del día en punto se sienta uno en el lugar ya mencionado, se puede quedar uno estéril.

Do not sit where drops fall from the roof because you can get a sickness attack. Furthermore, if you sit in this place at exactly 12 noon you can become sterile.

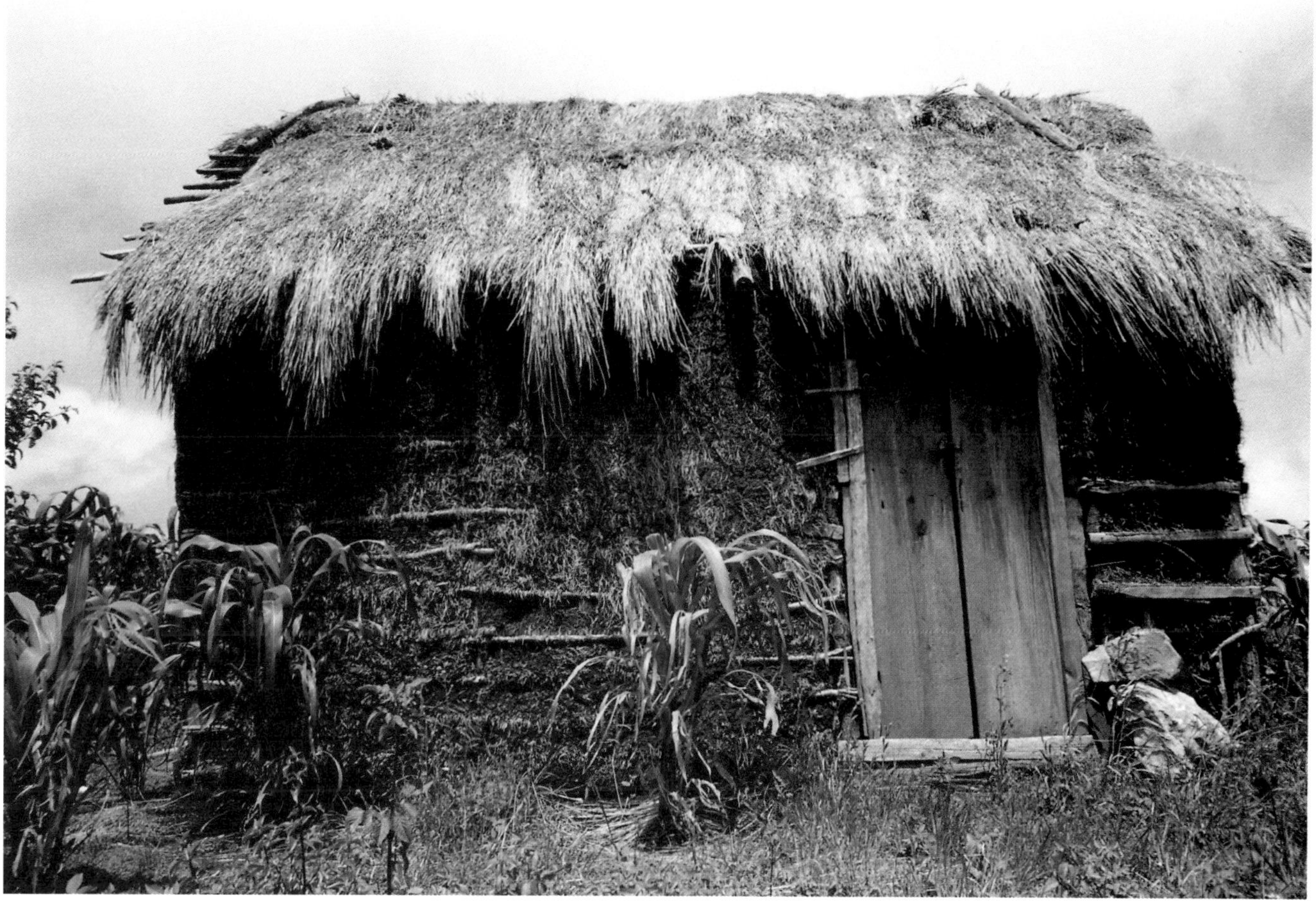

BIN
NO COMER DIRECTAMENTE DE LA OLLA   DO NOT EAT DIRECTLY FROM THE POT

Mu xtun xijve' ta bin,
ta la xijpas ta k'ulub
jujulikel la xijve'vun.

Si come directamente
de la olla, se puede uno
quedar muy comelón.

If you eat directly
from the pot, you can
become a glutton.

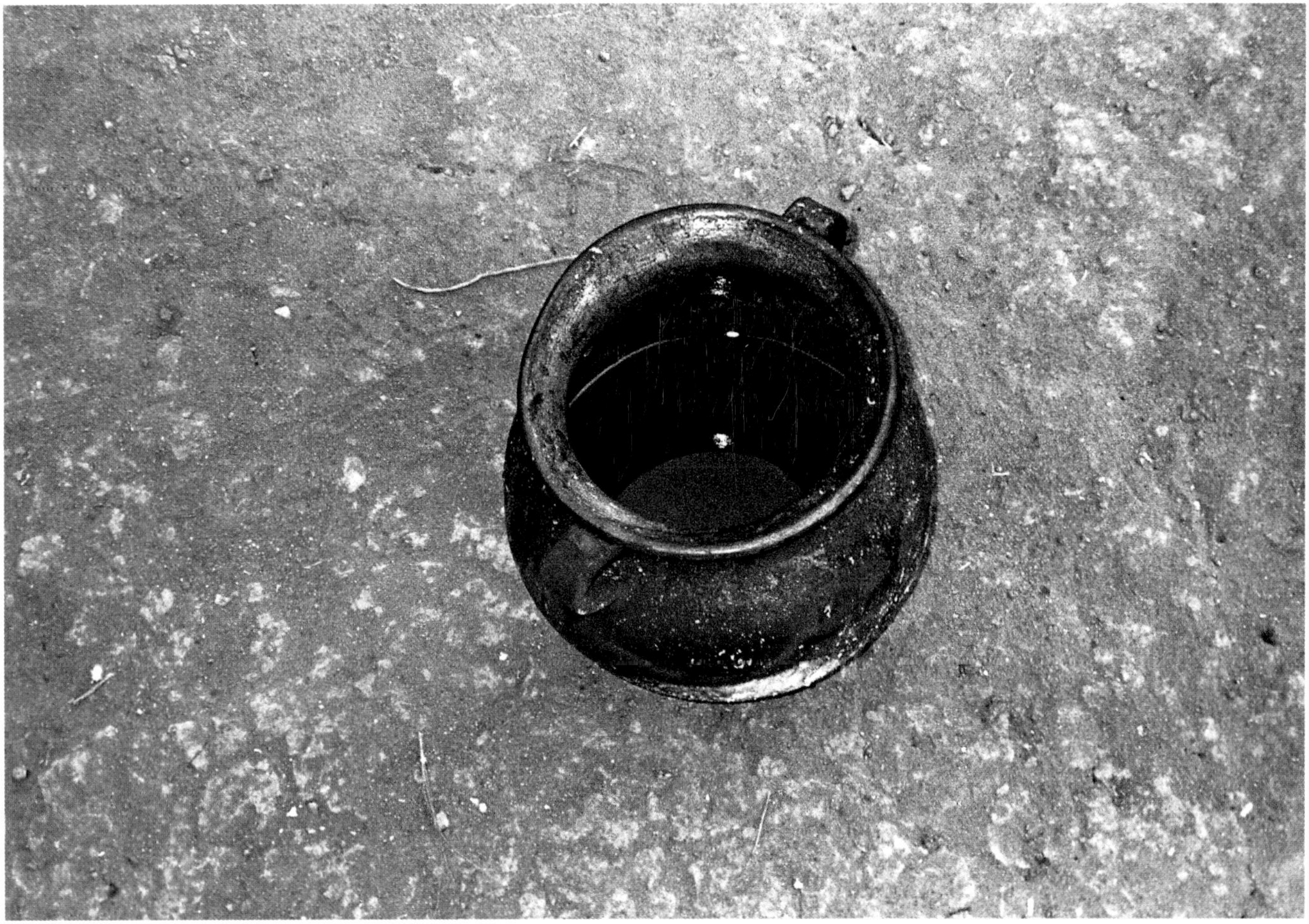

NAP'UXAL VAJ XCHI'UK VE'BEN CH'O

PEDAZOS DE TORTILLA QUEMADA Y LO MORDIDO POR EL RATÓN

PIECES OF BURNT TORTILLA AND MICE NIBBLED FOOD

Li nap'uxal vaj,
xchi'uk ve'ben ch'o
k'usuk no'ox
ve'lilal, mu xtun
jve'tik ta la jtatik
kuch k'op.

Es malo comer los pedazos de tortilla quemada que salen del comal, y lo mordido por el ratón de cualquier alimento, porque la gente nos va a calumniar.

It is bad to eat pieces of burnt tortilla straight off the griddle or the part of any food that has been nibbled by mice, since people will slander you.

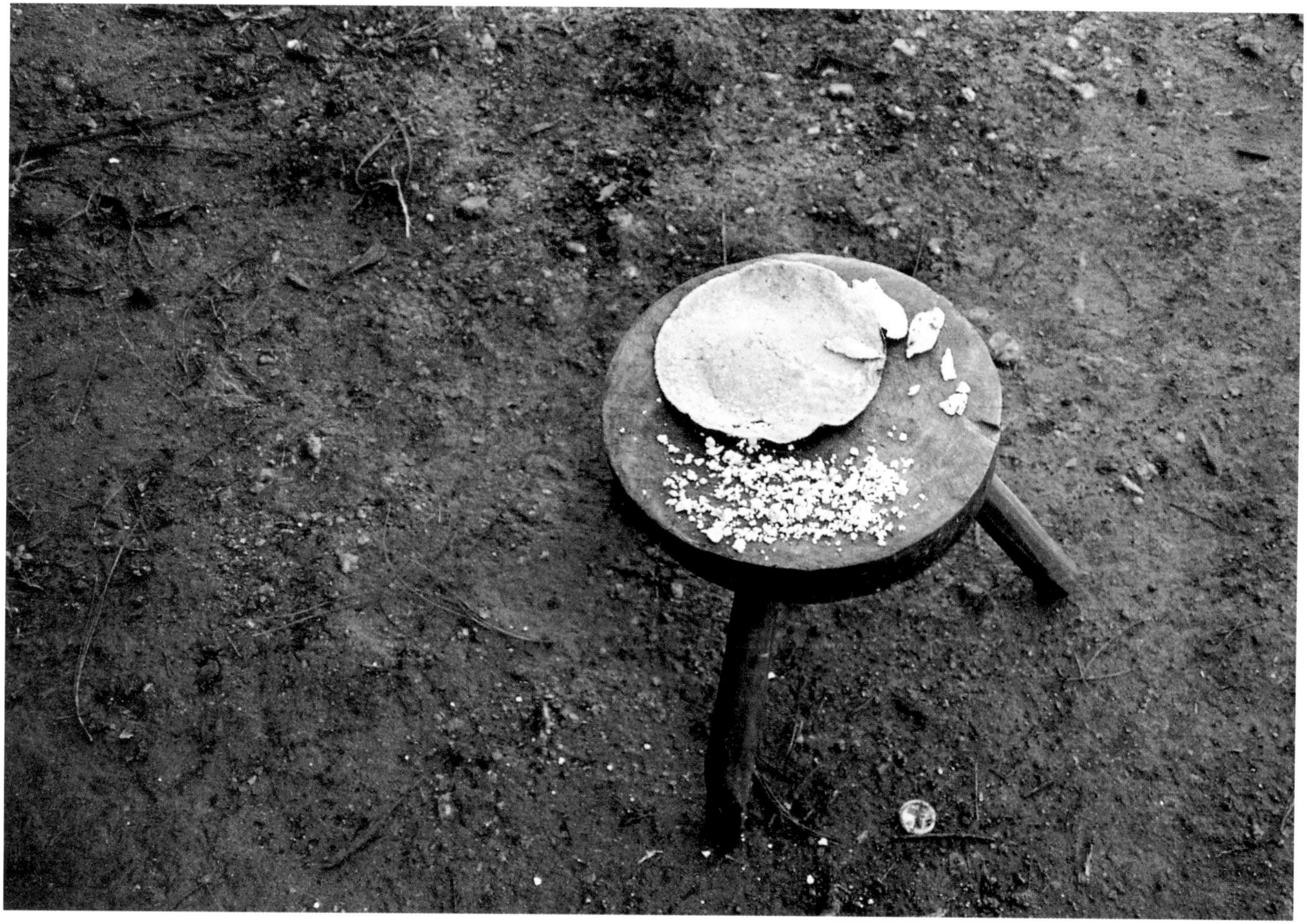

MU XTUN XTAJIN TA BA MEXA OLOL

LOS NIÑOS NO DEBEN JUGAR ENCIMA DE LA MESA

CHILDREN SHOULD NOT PLAY ON THE TABLE

Li olole mu xtun xtajin ta ba mexa, mi jech tajine mu la xnatij ta chamel.

Los niños no deben jugar encima de la mesa. Si lo hacen así, se enferman muy seguido.

Children should not play on top of the table because they will often become ill.

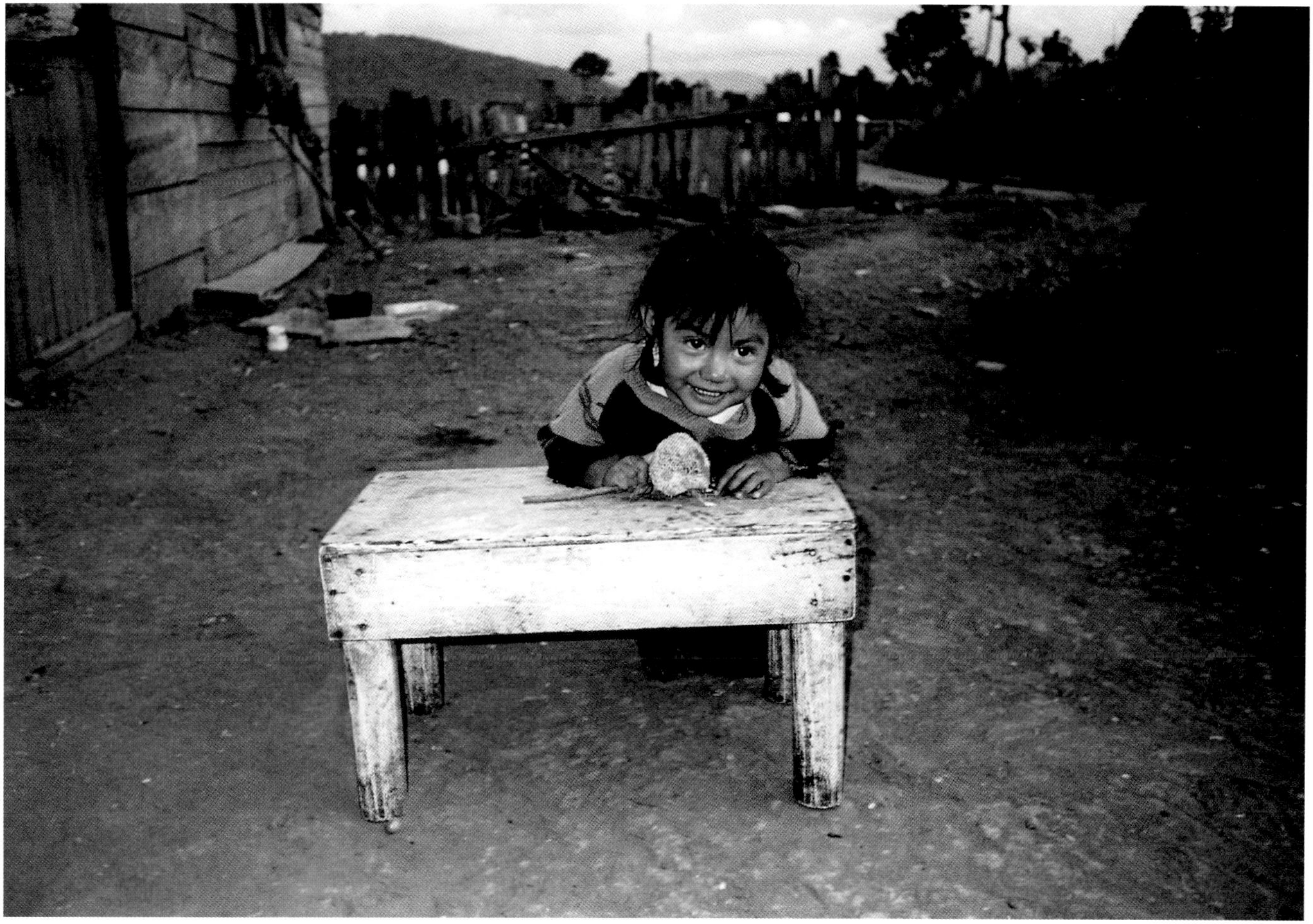

ICH

Es malo sonar las semillas del chile   It is bad to shake chile seeds

Mu xtun jchijolantik
bek' ich, mi la
jchijolantike mu la
xch'anij ku'untik olol.

No se deben sonar las
semillas de chile,
porque al abrazar a
un niño llora mucho.

Chile seeds should not
be shaked because
when hugging a child
he will cry a lot.

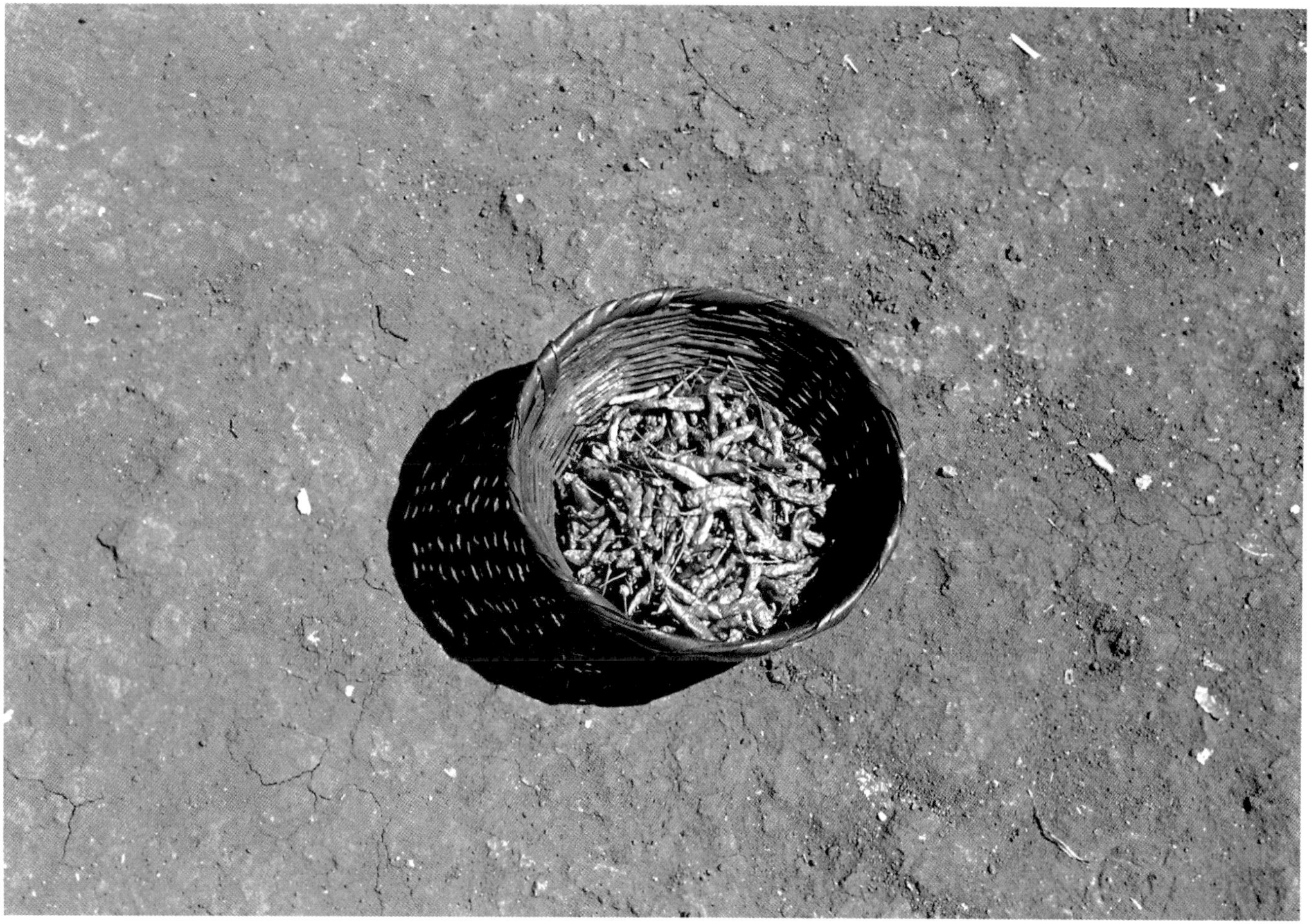

CH'UCH'

No mencionar el nombre de la hoja de bejao al envolver tamales
Do not mention the name of the bejao leaf when you make tamales

Ak'alal chbat j k'okbetik tal spix patz'e mu xtun jbiiltastik, mi la jbiiltastike mu xta'aj li patz'e; sepkantik tze sepkantik tok'on.

Al cortar hoja de bejao para envolver tamales, no se debe mencionar su nombre, porque no se cuecen bien los tamales: salen pedazos cocidos y pedazos crudos.

When the bejao **leaf is cut to make tamales, it is not good to mention its name because then the tamales do not cook well; some pieces come out cooked and others raw.**

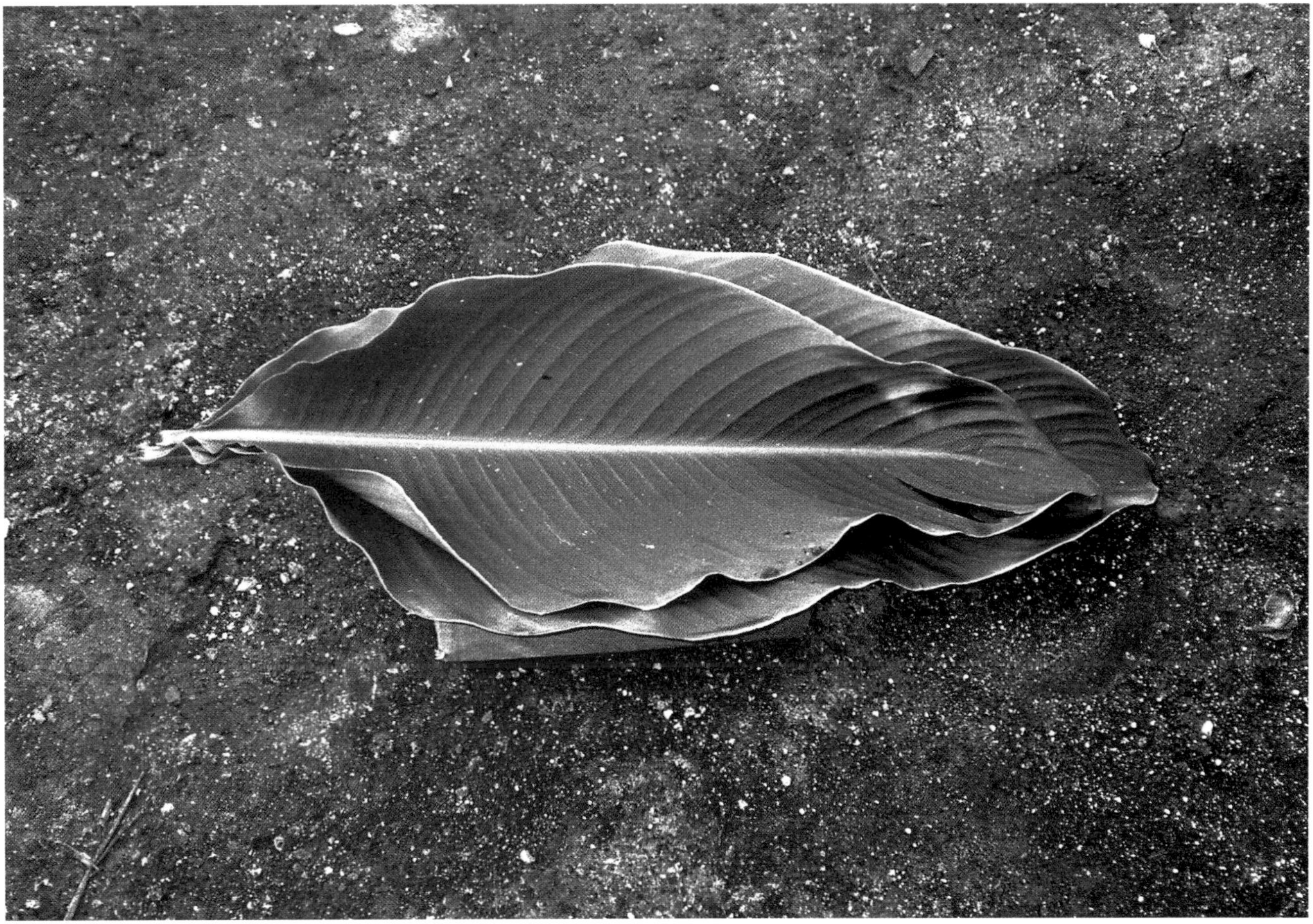

K'UXI TA METZ'TAEL LI TOJ ISBA XLOK' STUB OLOLE

REMEDIAR A UN NIÑO SI LE SALE MUCHA SALIVA   TO CURE A CHILD WHO DROOLS

K'uxi ta metz'tael olol mi toj isba xlok' stub olole, chich' sa'el oxkot xantux, ja' tztzak li me' olole xi chalbe oxbel ta ye li olole "Uch'an atub, uch'an atub, uch'an atub". Chich' juxilanbel xantux, mi chanbel toe mu sbalin stoyel cha'i.

Si a un niño le sale mucha saliva, se hace lo siguiente: la mamá del niño va a conseguir tres libélulas, se pasan por la boca del niño las libélulas diciéndole: "¡Traga tu saliva! ¡traga tu saliva! ¡traga tu saliva!". Pero solo se debe decir tres veces, porque si le dicen cuatro veces, se empeora.

If child drools too much you should do the following: the child's mother gets three dragonflies and passes them in front of the child's mouth saying: "Swallow your saliva, swallow your saliva, swallow your saliva." This should be said three times only, because if it is said four times the saliva will become worse.

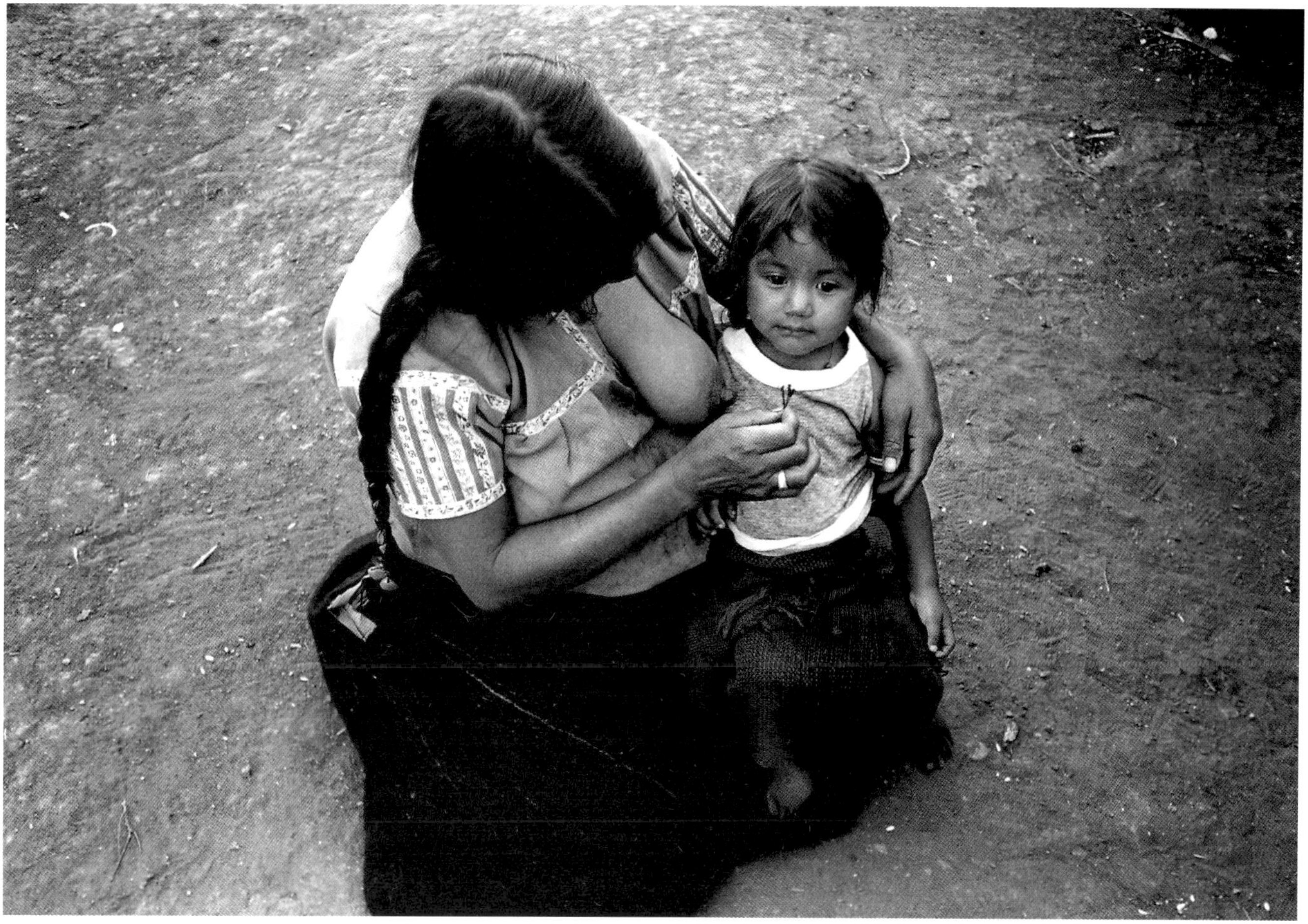

VAX ALAK'

LOS NIÑOS NO DEBEN COMER PATAS DE POLLO CHILDREN SHOULD NOT EAT CHICKEN FEET

Li ololetike mu xtun sti' vax alak', li tzebe tzsok sjolob, li kerem mi tztunes ch'ojone ko'ol lok'el la chchuk sba.

Es malo que los niños coman patas de pollo, porque la niña enreda su tejido. Y al niño también, cuando utiliza un lazo, le pasa lo mismo.

It is bad for children to eat chicken feet because the little girl's weaving will get tangled and when the boy uses a lasso the same will happen to him.

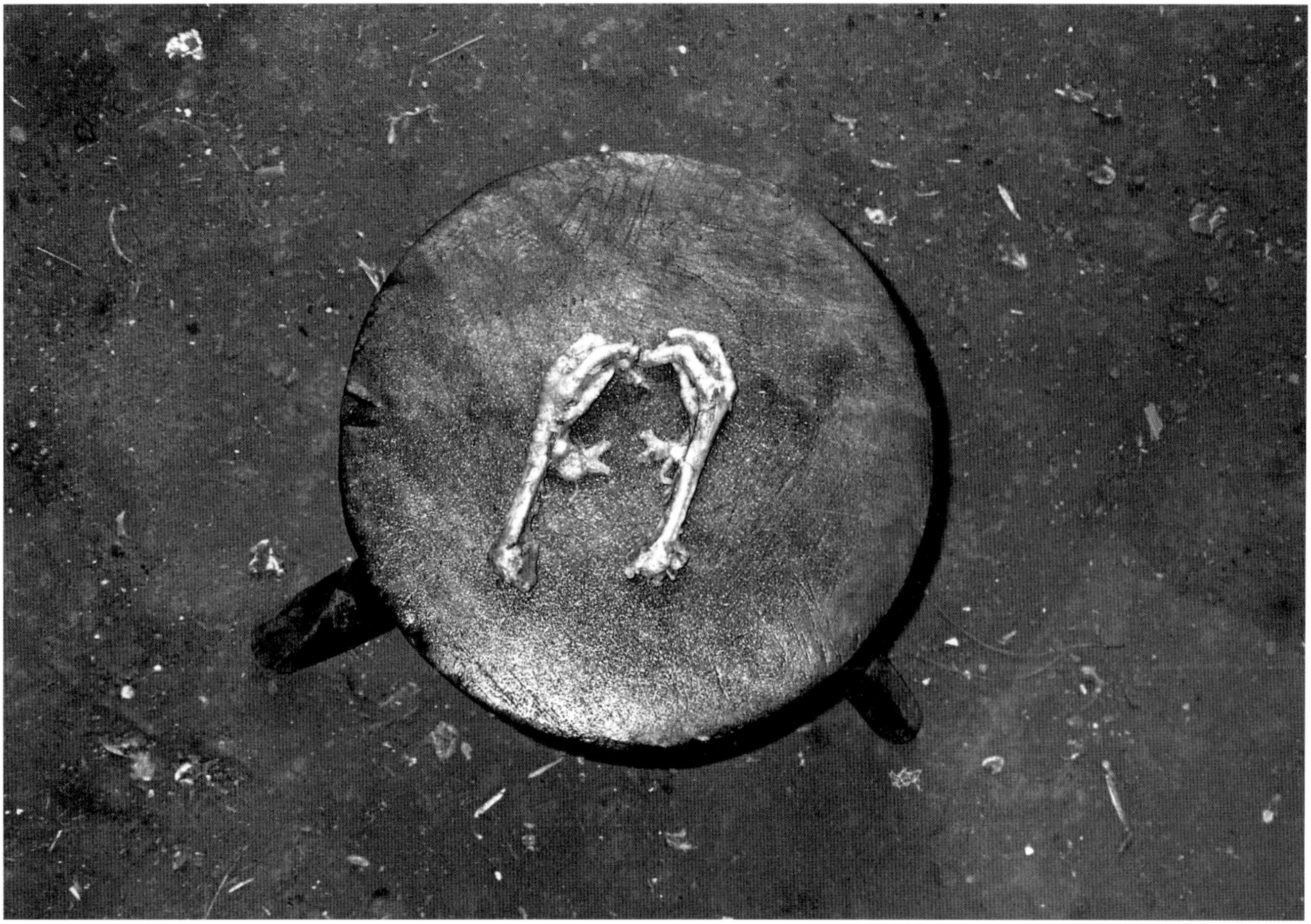

MU XTUN XCHOTI TA TON, TA K'ECHOB OLOL

No sentar a los niños en un tronco o en una piedra

Do not sit a child on a log or a stone

Li olole mu xtun xchoti ta k'echob, ta ton, yu'un ta xpas ta ch'aj, ja' li mu sna' xbak' li tone, li k'echobe je' cha'al jech chpas ta ch'aj yu'un li olole.

No es bueno sentar a los niños en un tronco o en una piedra. Si así lo hacen, se volverán muy haraganes, como el tronco y la piedra, que no se mueven.

Do not sit a child on a log or a stone because if you do they'll become very lazy, just like the log and the stone, which do not move.

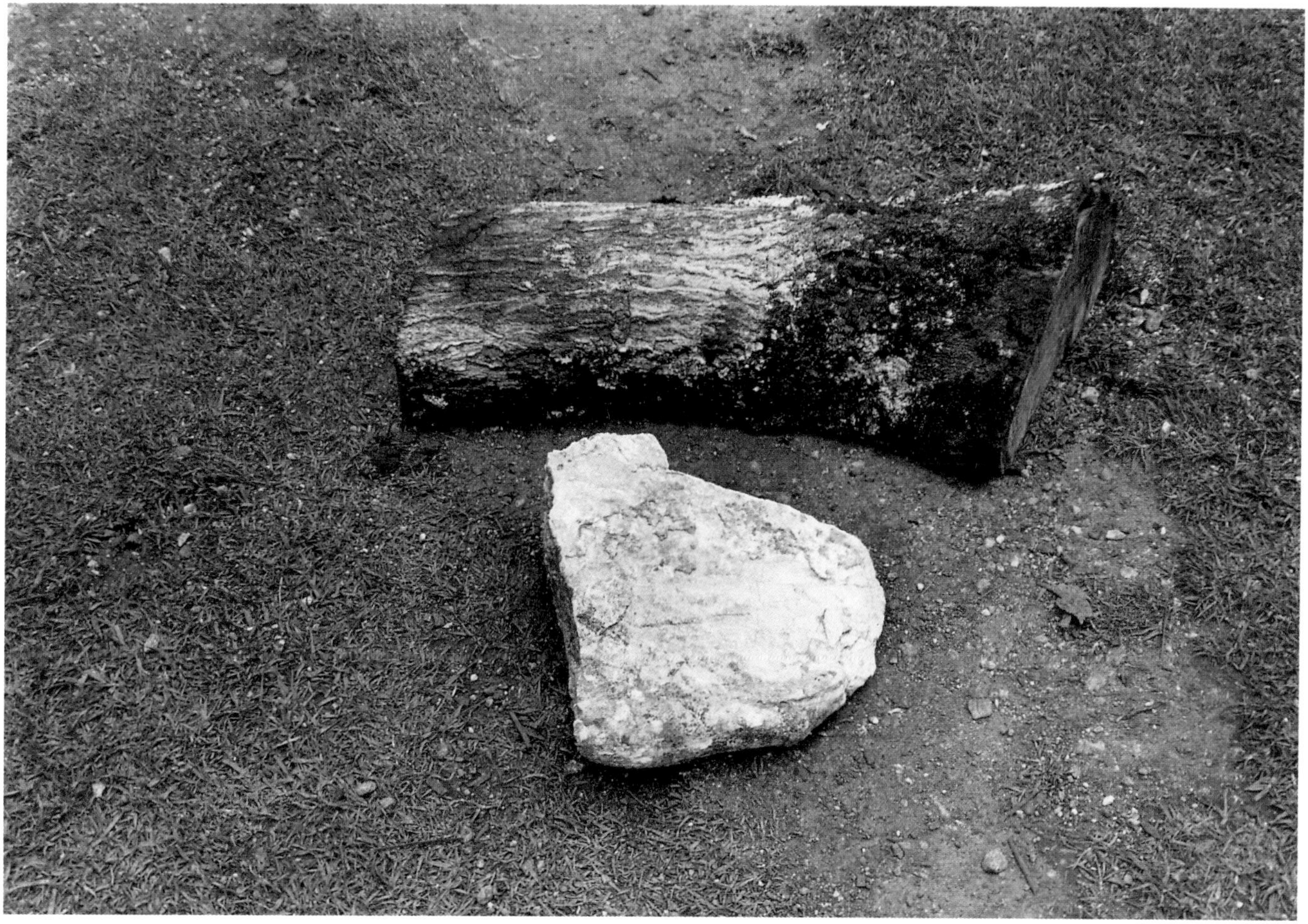

YUT YOK OLOL

LA PALMA DEL PIE DE UN NIÑO   A CHILD'S FOOT

Mu xtun jchikiltabetik yut yok olol, mi la jchikiltabetike lok'el chbalch'uj yu'un chk'unib xkaltik.

Es malo acariciar la palma del pie a un niño, porque si no al caminar caerá muy seguido, porque se va a debilitar.

It is bad to caress the bottom of a child's foot because it weakens the child and he will quickly fall if he tries to walk.

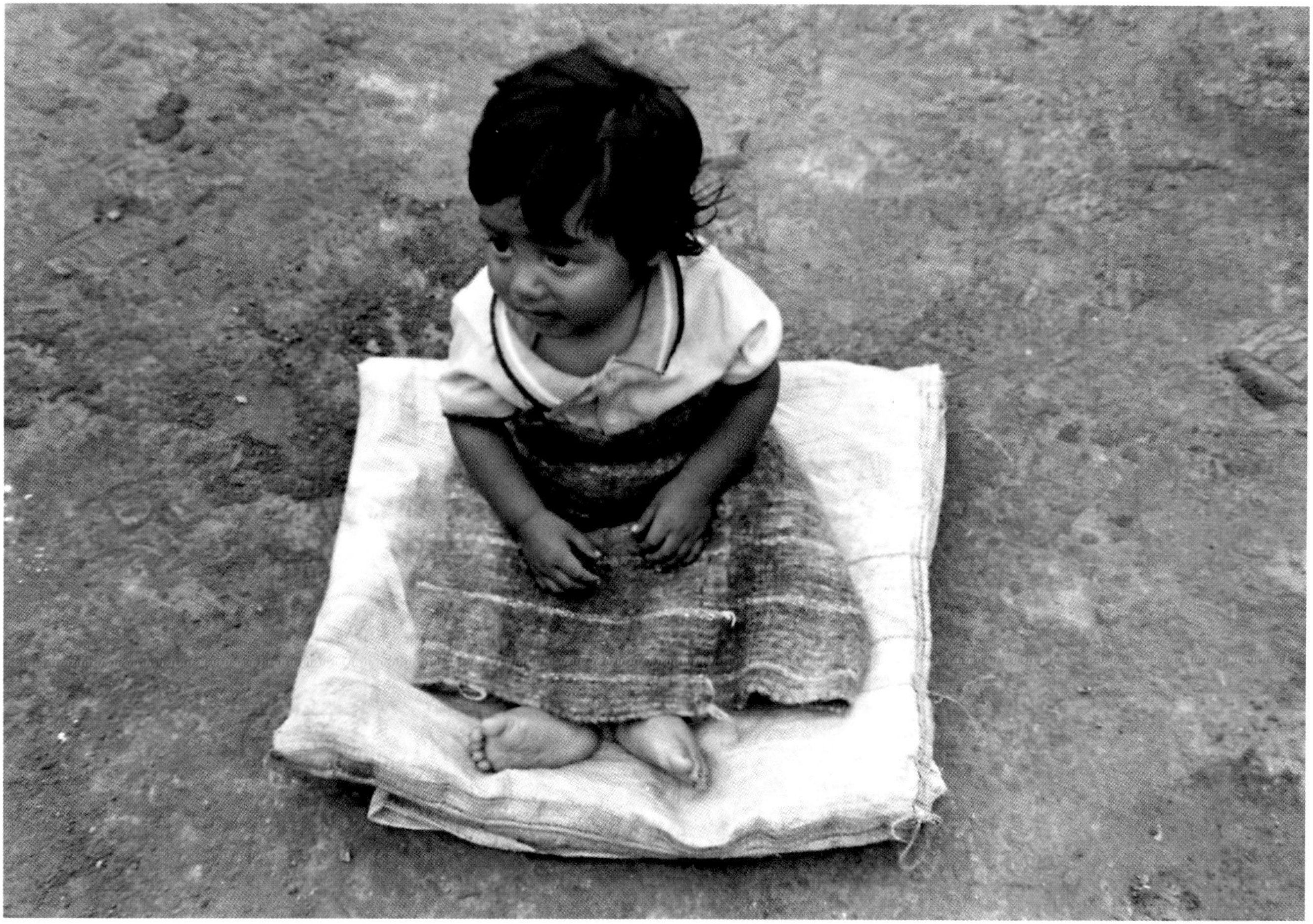

YO' MU XISTI'OTIK TZ'I'E

PARA QUE NO NOS LADREN LOS PERROS **SO THAT DOGS DON'T BARK**

Yo' mu xisti'otik
tz'i'e oy la smetz'ul;
ak'alal naka to jlikel
schamel tz'i'e, ta jux
ta koktik li
xch'ich'ele.

Hay remedio para que no nos ladren y muerdan los perros. Cuando hace un rato que está muerto un perro, la sangre se unta en el pie.

There is remedy so that dogs do not bark at us or bite us. When a dog is dead a short while, you should smear some of its blood on your foot.

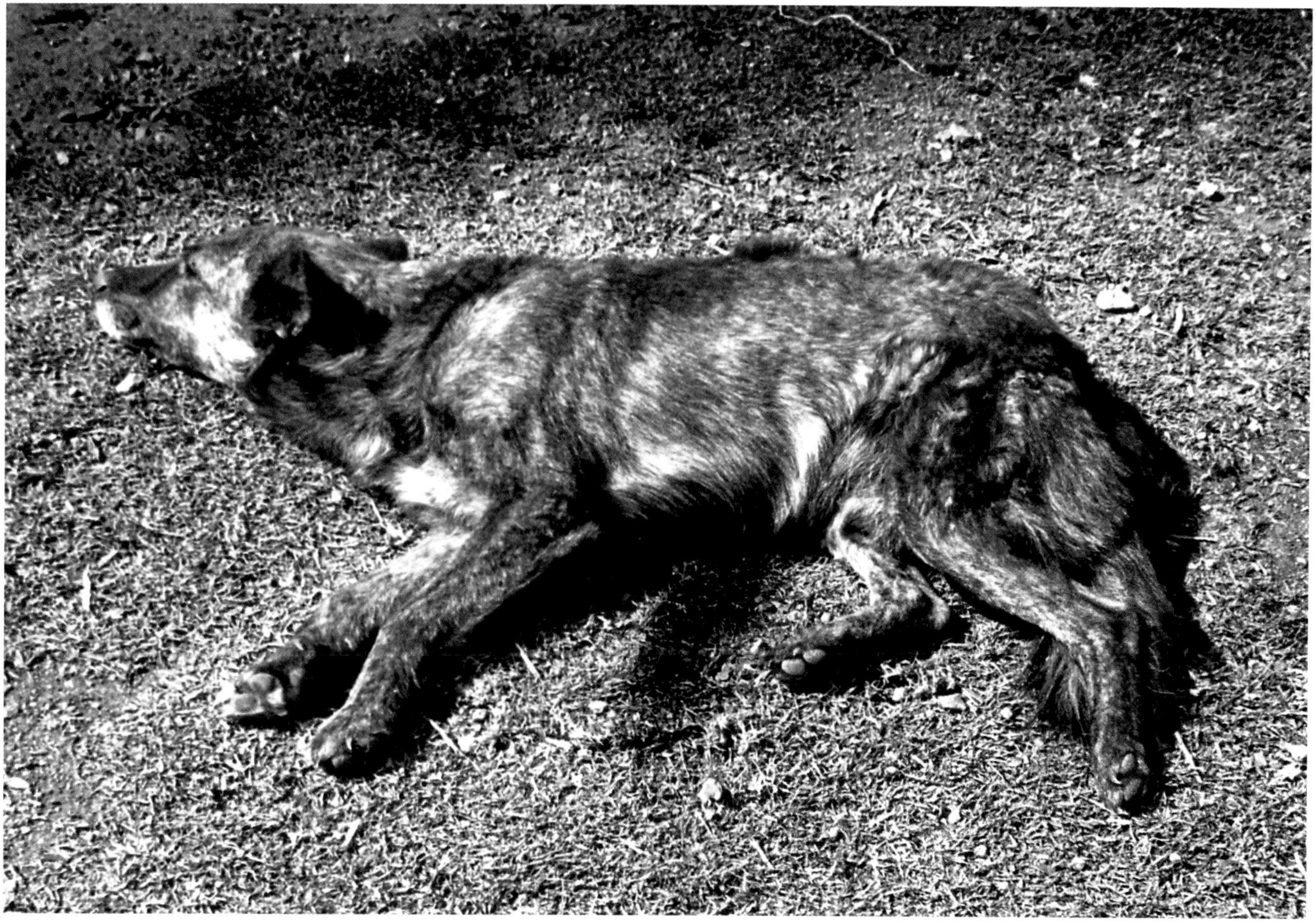

YAV YE SUP

No comer lo que muerde un gato   Do not eat what a cat has nibbled

Mu xtun jve'betik yav ye sup k'usuk ve'lilal mi la jve'tike chmak jnuk'tik chijpas ta sojom.

Si uno come cualquier alimento que muerda un gato, se queda uno ronco.

If someone eats something a cat has nibbled, one becomes hoarse.

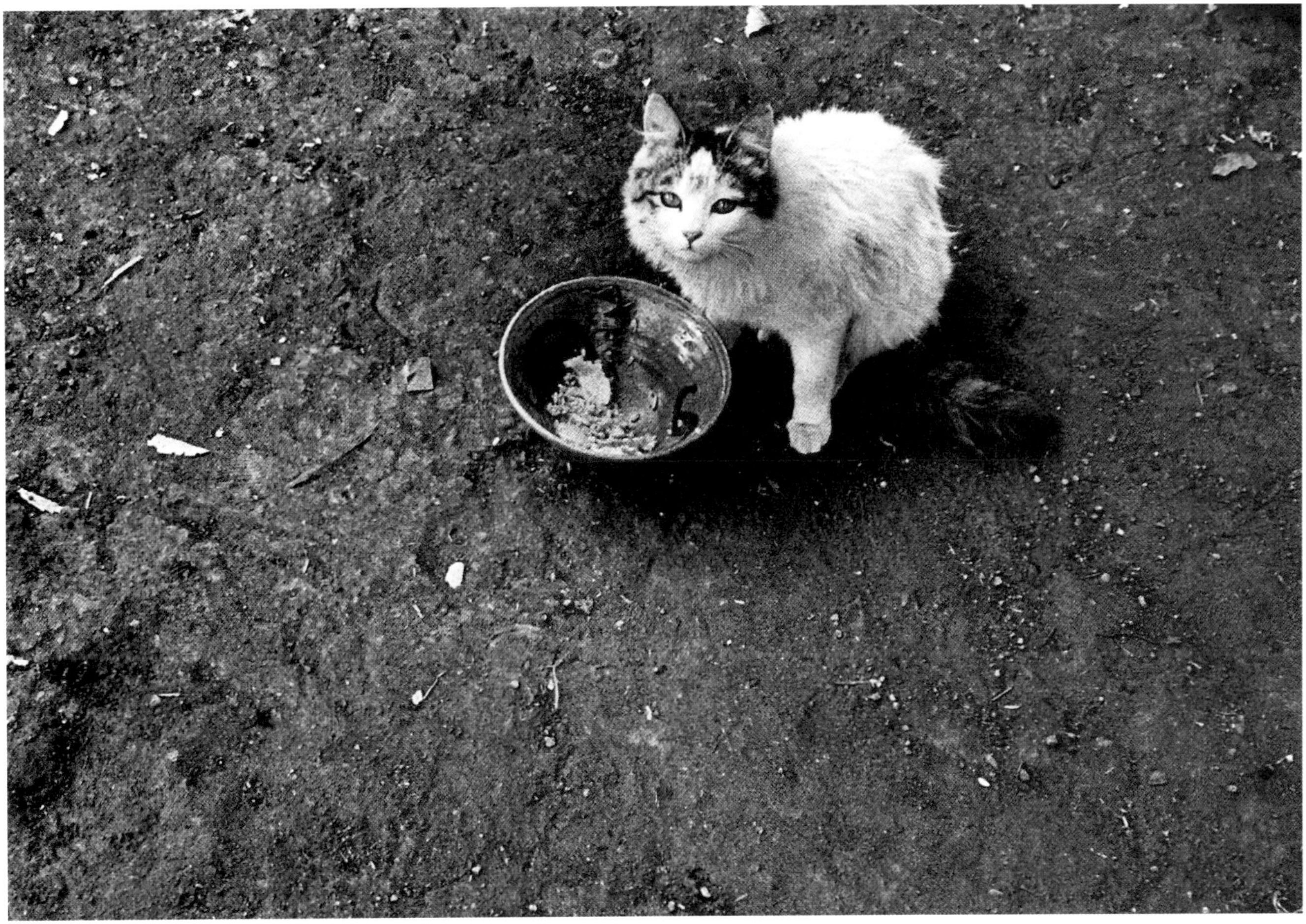

YO'ONTON ALAK' XCHI'UK XIK'

No comer la punta del corazón de pollo ni las alas
Do not eat the tip of chicken heart or chicken wings

Mu xtun jti'betik xik' alak', yu'un ta la xij'it'ixaj yu'un.

Es malo comer la punta de alas de pollo, porque se vuelve uno celoso.

Anyone who eats chichen wings will become jealous.

Mu xtun jti'betik sni' yo'onton alak', yu'un ta la xijpas ta jbik'it o'onton.

Es malo comer la punta del corazón del pollo, porque se vuelve uno muy llorón.

Anyone who eats the tip of a chicken's heart will become a crybaby.

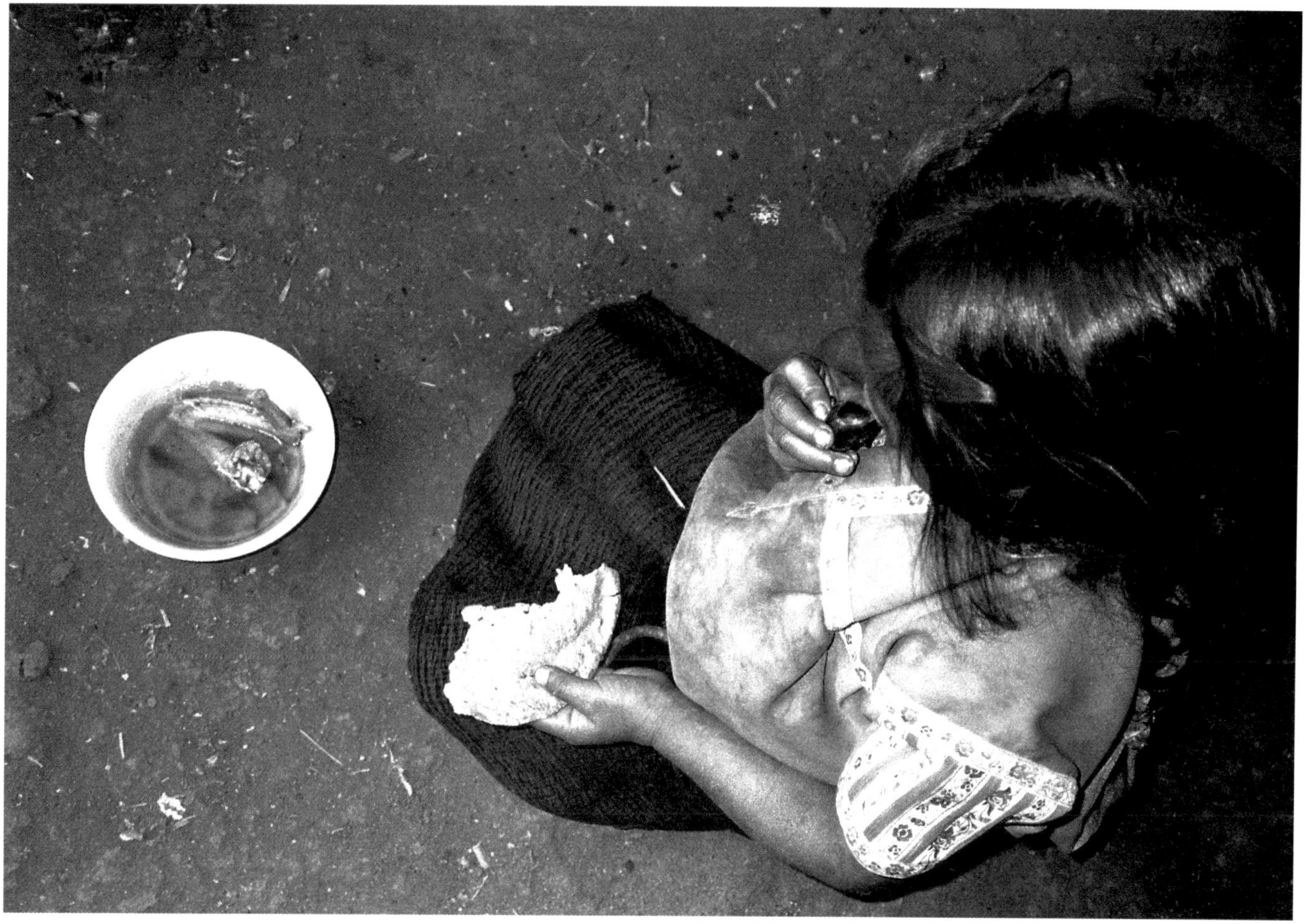

AK'ALAL CH-AK'OTAJ CHITOME

CUANDO BAILAN LOS PUERCOS **WHEN THE PIGS DANCE**

A li oy xbitomaj xa ch-ak'otaj li chitome, yu'un ta xtal vo' chil ta sk'ak'alil no'ox me chak' ti vo'ne.

Si los puercos bailan, es que va a llover ese día.

If the pigs dance it is because it will rain that day.

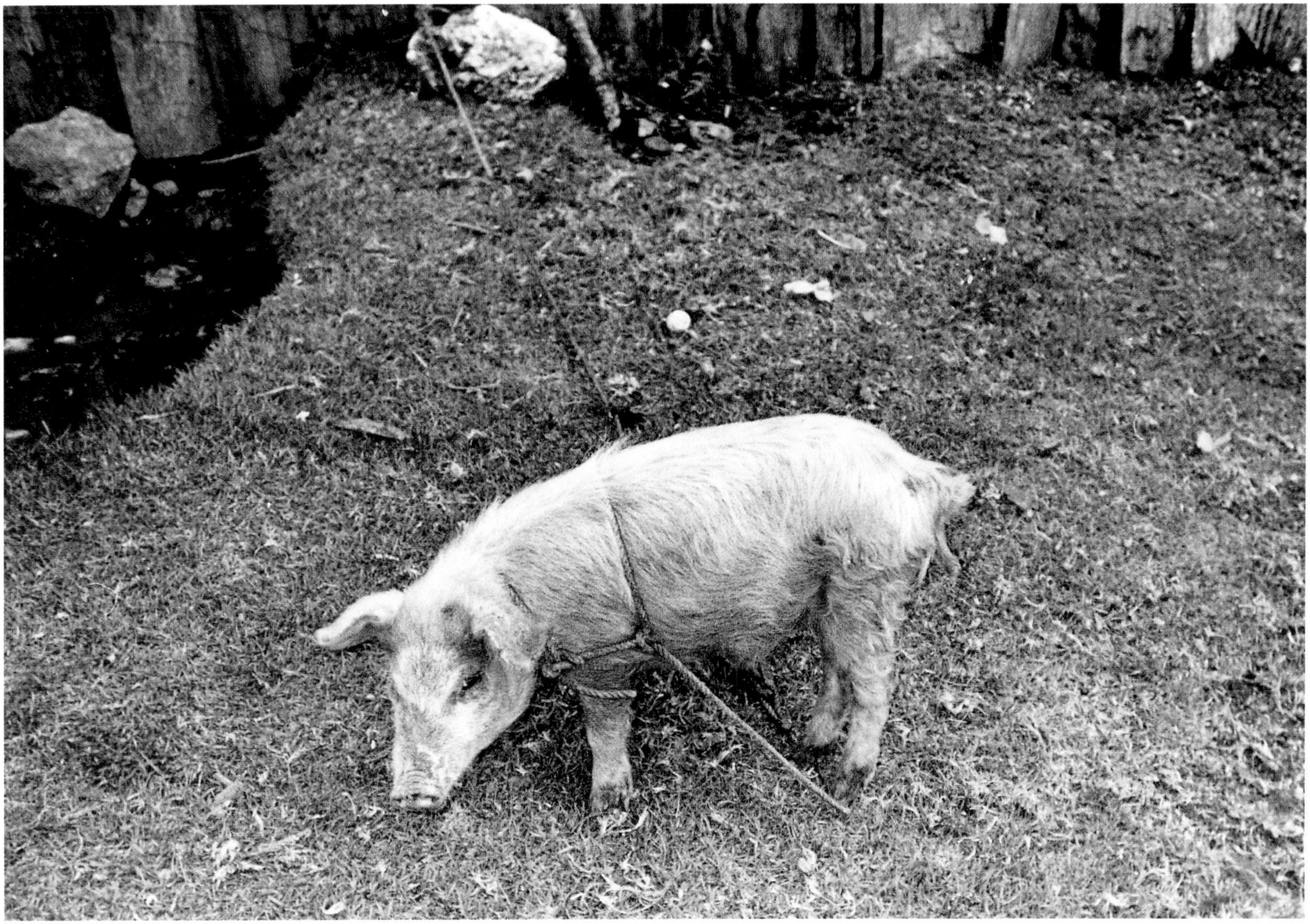

ME' CH'ECH'EK

CULECA   HEN

*Mi laj yal kikiriki li me'
ch'ekch'eke, yu'un me
oy buch'u chyal ta
chamel ti xal xcham oe.*

Si la culeca dijo kikirikí,
es porque alguien llegará
a enfermarse que puede
ser hasta la muerte.

*If the hen says "kikiriki"
to herself it is because
someone is going to
become ill and possibly die.*

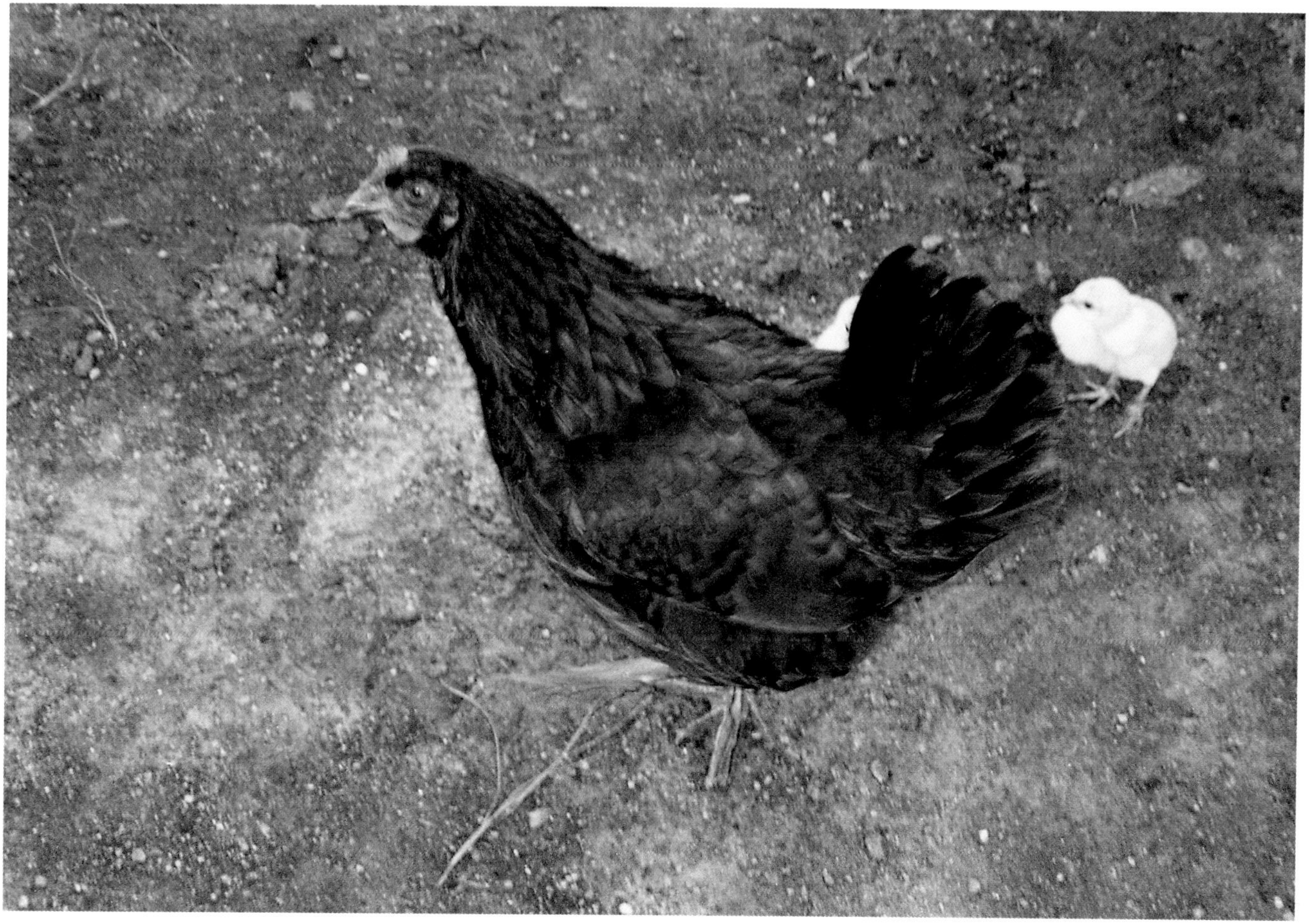

YO' MU XVOVI TZ'I'E

PARA QUE NO LE PEGUE LA RABIA A UN PERRO   *TO PREVENT A DOG FROM CATCHING RABIES*

Yo' mu xvovi tz'i'e,
chich' kurustabel
sti' ba ta xupite'.

Para que no le pegue la rabia
a un perro, se le hace una
cruz en la frente con un tizón.

To prevent a dog from catching
rabies, you make the sign of the cross
on its forehead with a firebrand.

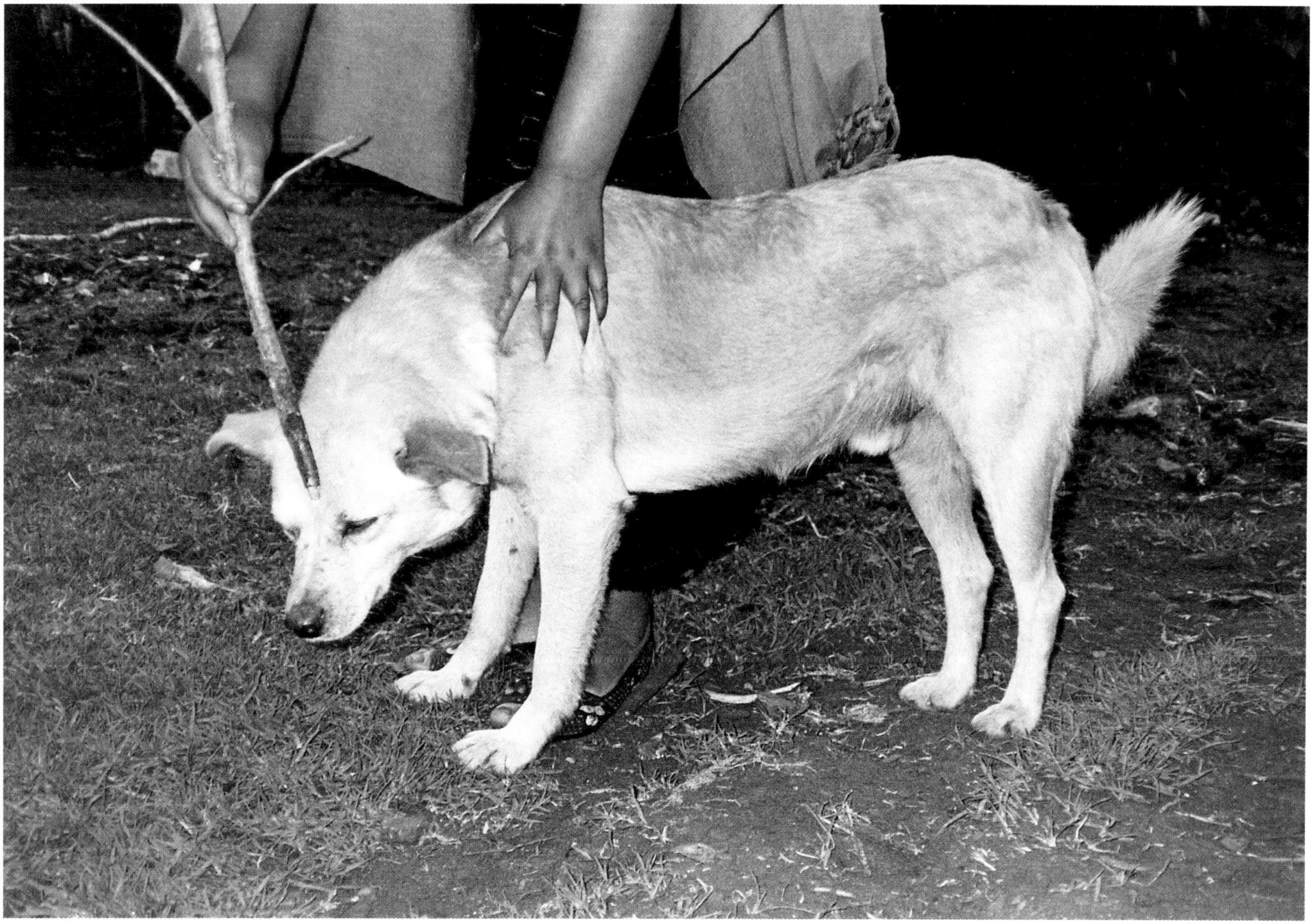

NAP'UXTE'

ÁRBOL SILVESTRE   ***WILD TREE***

Li nap'uxte'e mu xtun jk'atintik, mi la jk'atintike lok'el ta jtatik kuch k'op.

No es bueno usar como leña el árbol silvestre llamado *nap'uxte'* en tzotzil. Si lo usamos como leña la gente nos va a calumniar muy seguido.

It is not good to use as firewood the wild tree called nap'uxte' *in tzotzil, because if we use it as firewood people will often slander us.*

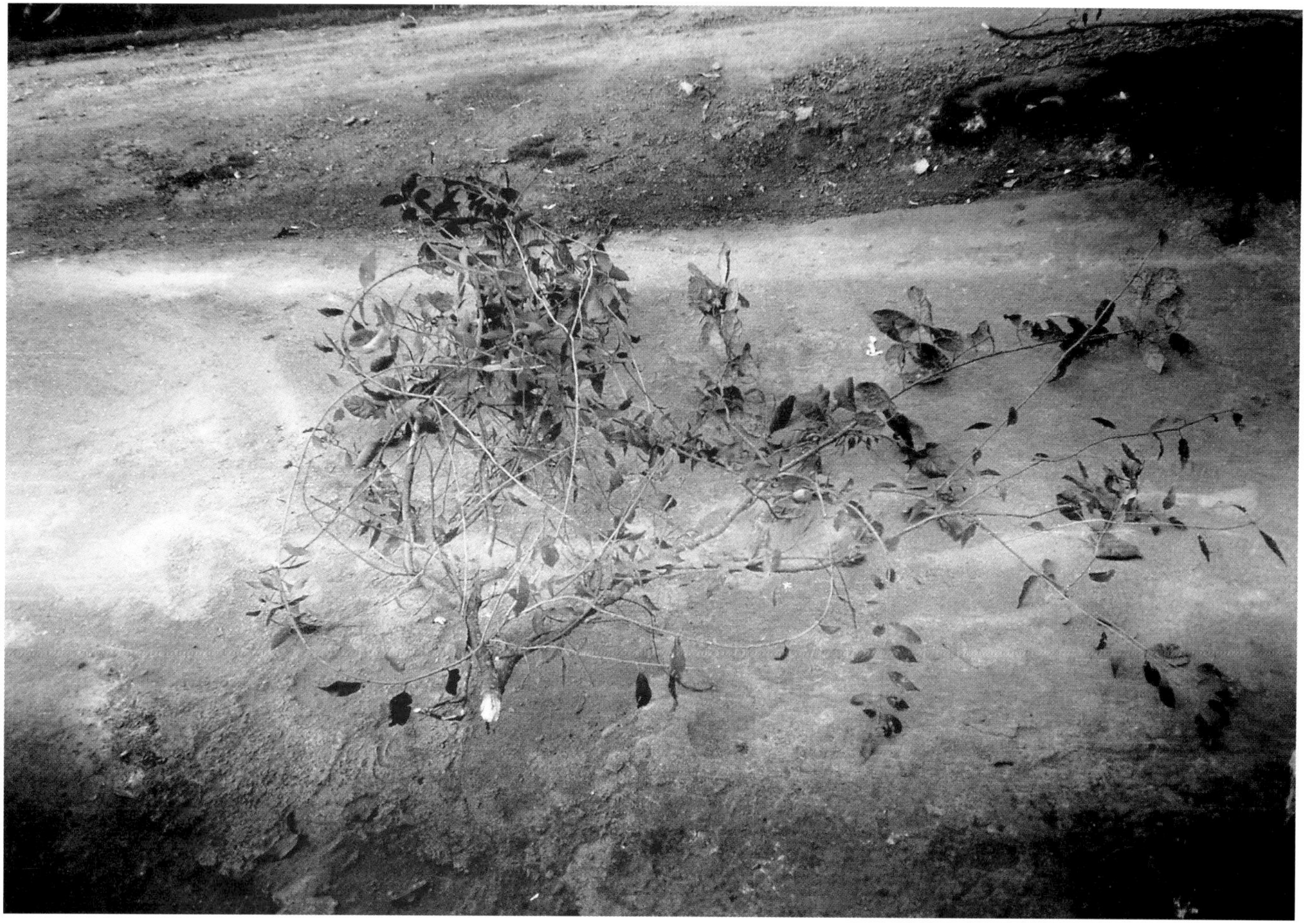

JACH'UBIL

El peine   The comb

Mu xtun jtus joltik ta ik' osil, yu'un la chcham jme'tik.

Es malo peinarse en la noche, porque se dice que morirá nuestra madre.

It is bad to comb your hair at night because it is said that your mother will die.

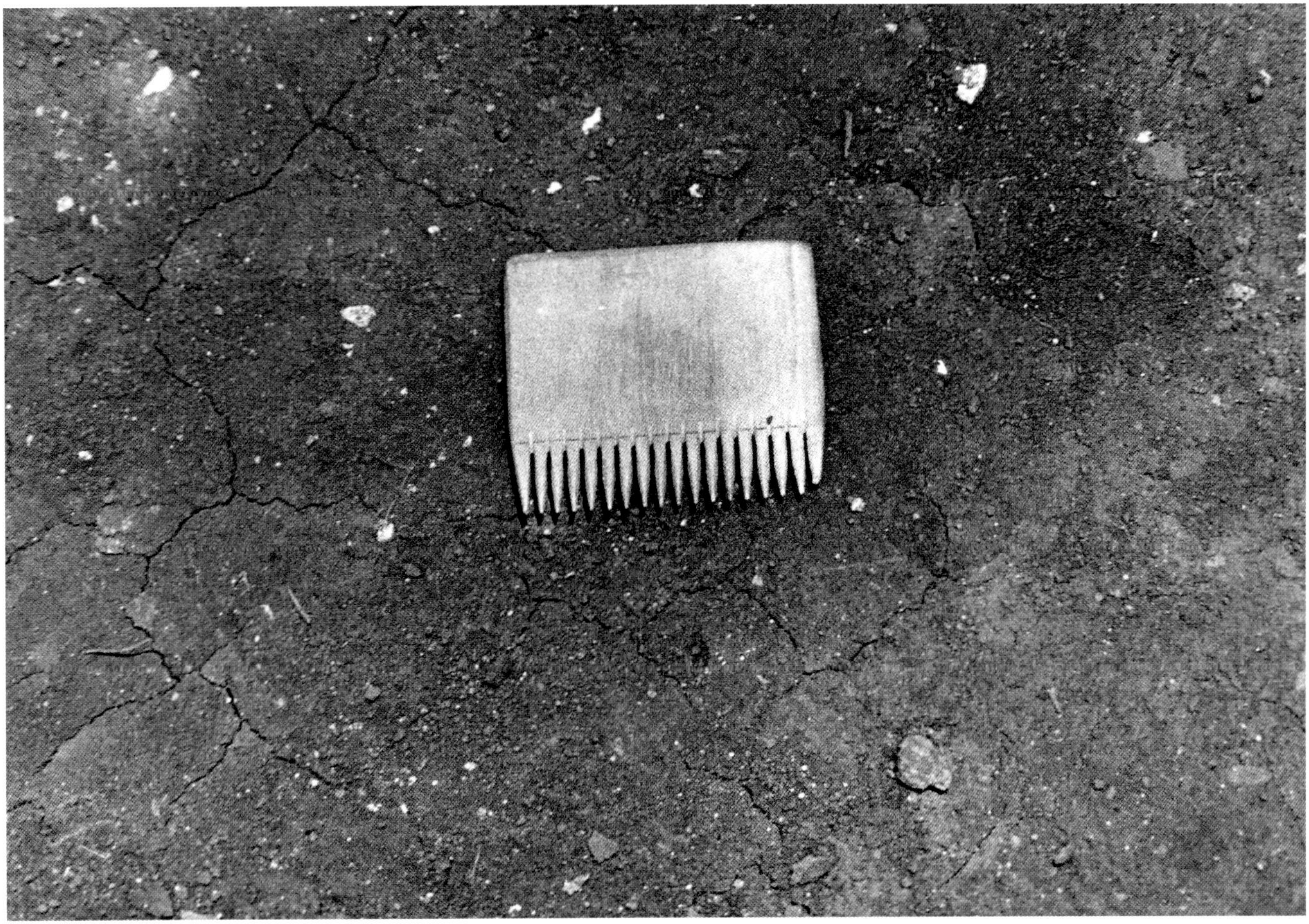

NEN
Espejo   Mirror

Mu xtun jk'el jsatik
ta nen ta ik' osil,
yu'un ta xtub o
jsatik.

Es malo vernos en
el espejo en la
noche, porque se
tapa uno la vista.

It is bad to look at
ourselves in a mirror at
night because your sight
could be obstructed.

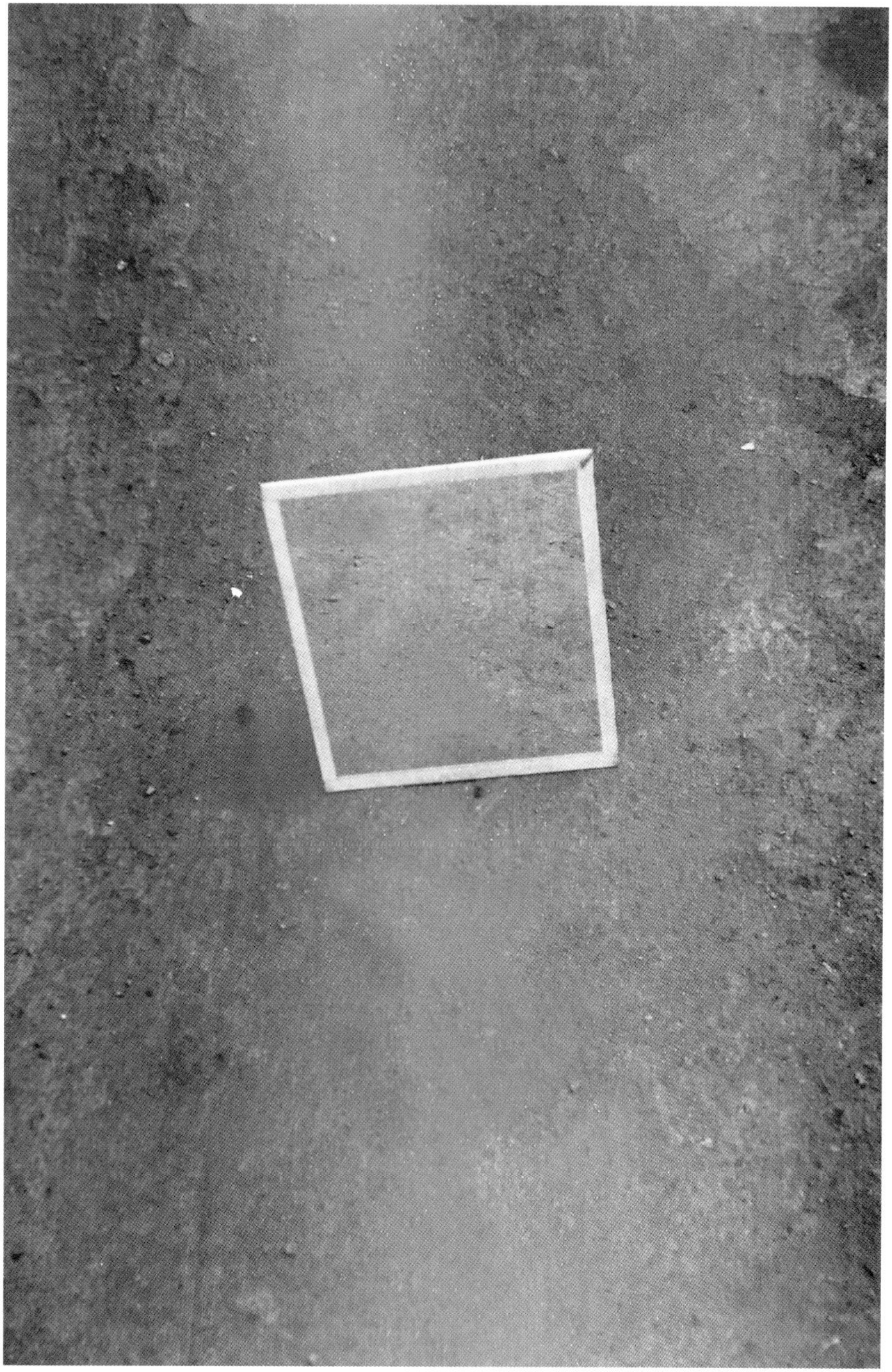

MU XTUN XIJCHOTI TA BE

NO SENTARSE EN EL CAMINO   *DO NOT SIT DOWN ON THE PATH*

Mu xtun xijchotiotik ta be, yu'un ta xcham jme'tik.

No debemos sentarnos en el camino, porque puede morir nuestra madre.

We should not sit down on the path because our mother could die.

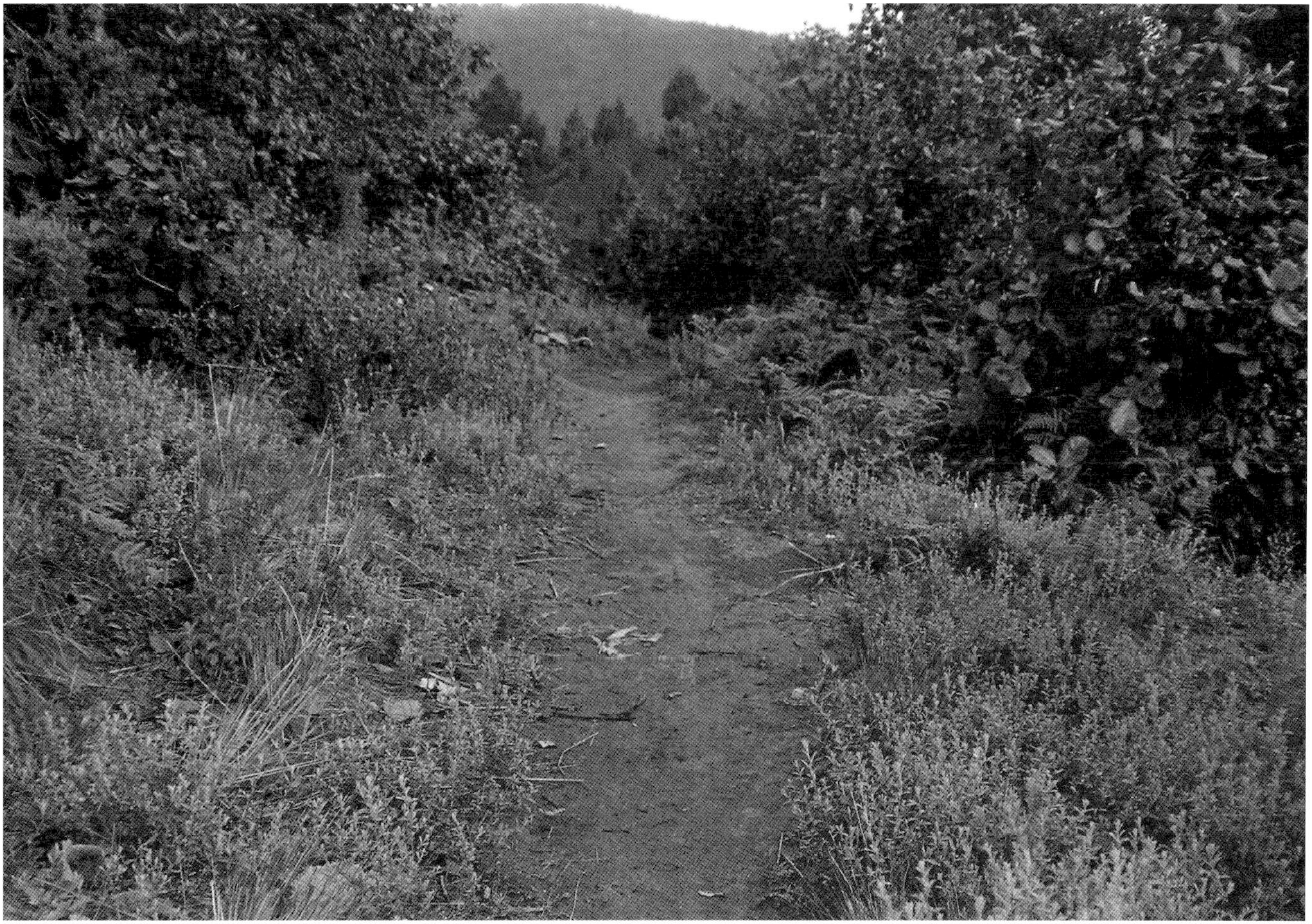

CH'UMTE'

Chayote   Chayote vegetable

Mu xtun jlo'tik vach ch'umte' k'usuk no'ox lobolal, yu'un la vach chtal olol.

No se debe comer chayote gemelo o cualquier fruta gemela, porque pueden nacer gemelos.

Do not eat twins of the vegetable chayote or whatever fruit because a new baby will become twins.

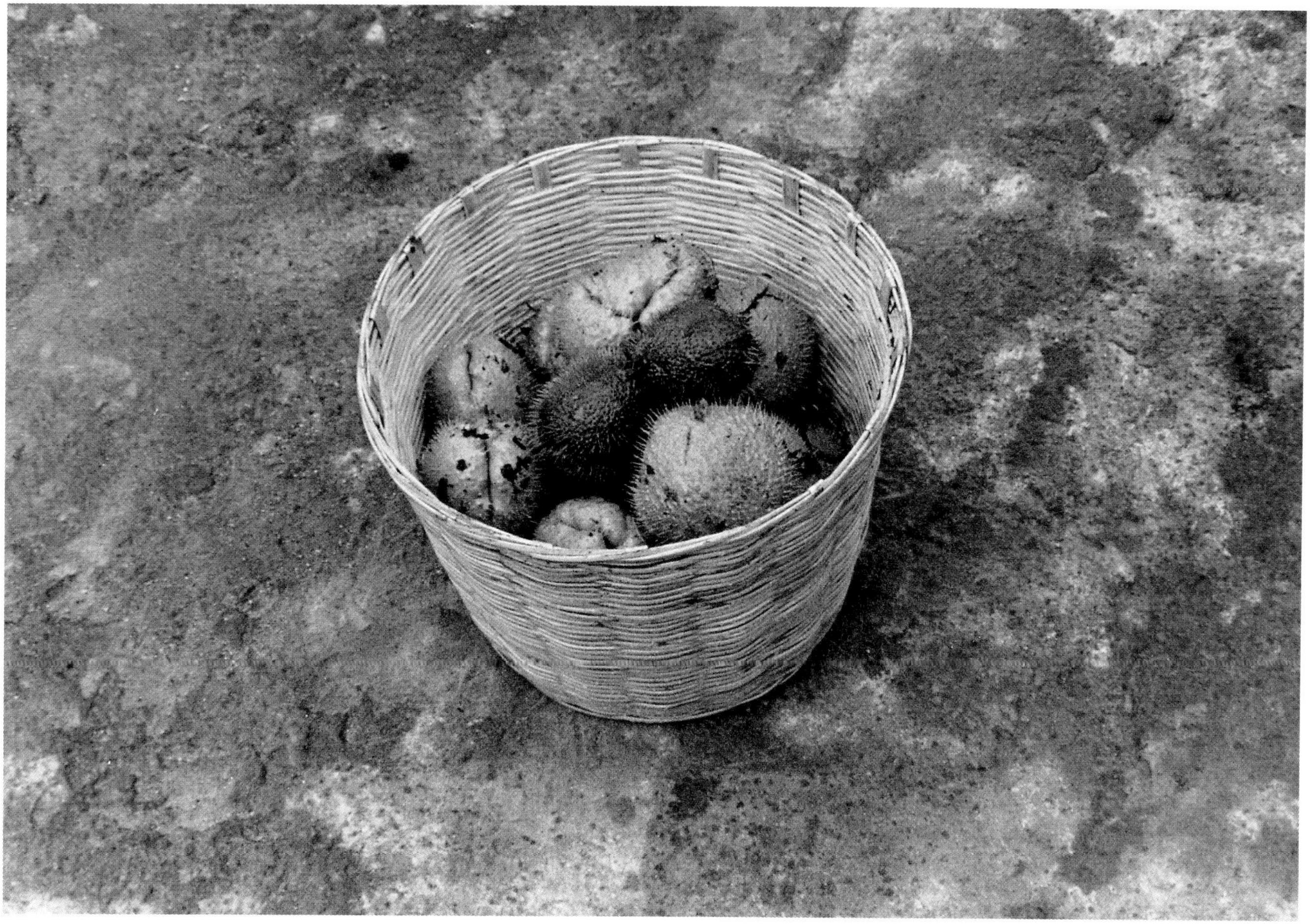

BA VAJ

NO COMER LA PRIMERA TORTILLA QUE SALE DEL COMAL

DO NOT EAT THE FIRST TORTILLA OFF THE GRIDDLE

Mu xtun jve'tik ba vaj, lok'el la chijbabak'opoj yu'un.

Es malo comer la primera tortilla que sale del comal, porque se vuelve uno muy hablador, hablando en contra de los demás.

You should not eat the first tortilla that comes off the griddle or you will become very talkative, saying bad things about other people.

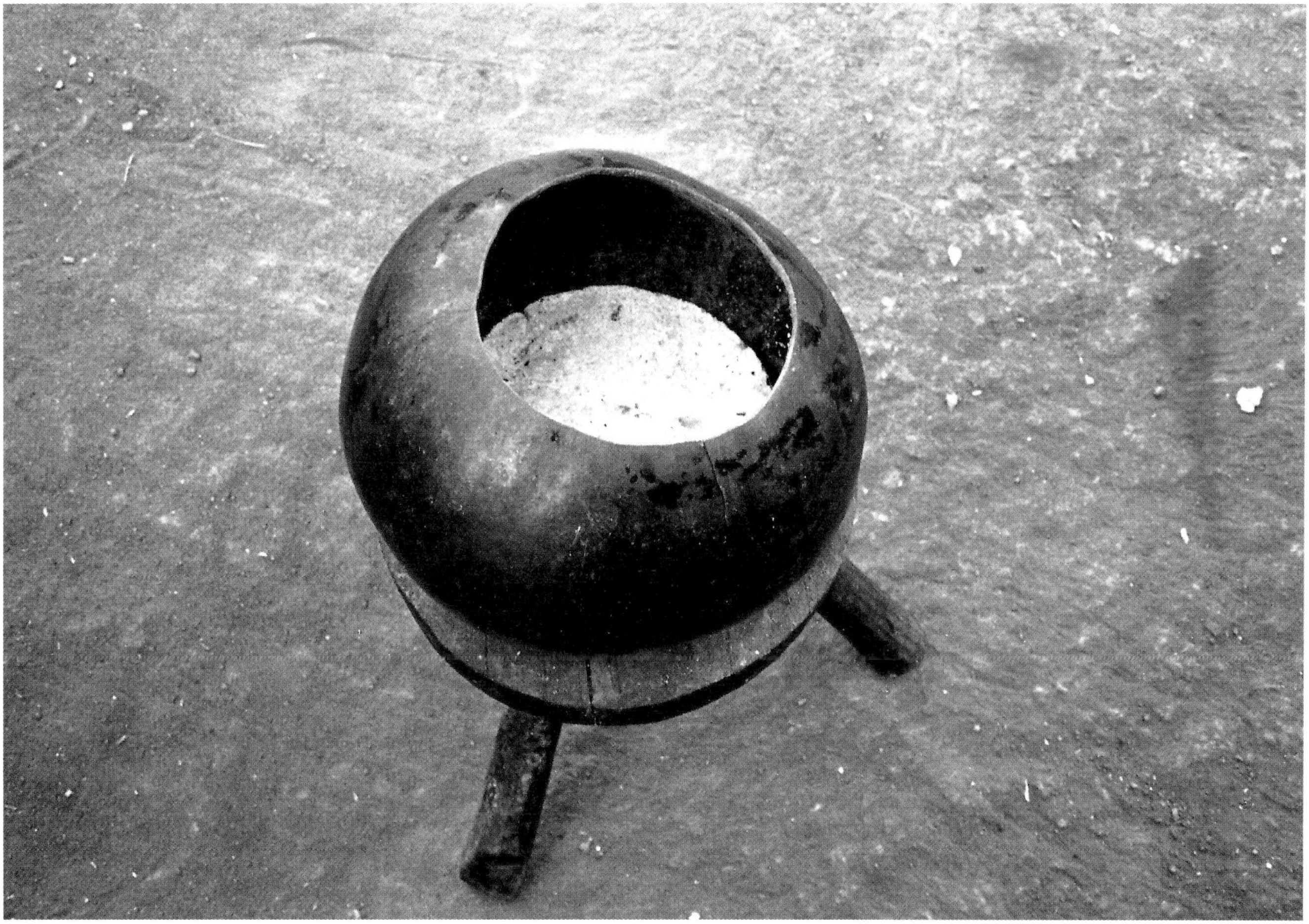

YUXUB ITAJ

NO COMER TRONCO DE REPOLLO　　**DO NOT EAT CABBAGE STALK**

Mu xtun jk'uxtik
yuxub itaj, yu'un
mu la xlom ku'untik
te' ta anil, kapal
k'uk lok'el la chbit
skamolal ta jsatik.

No comer tronco de repollo. Dicen que no va uno a poder tumbar luego el árbol, que va a costar mucho y que a cada rato brincan los pedazos de madera a los ojos.

Do not eat cabbage stalk.
They say that if you do you
will not be able to cut a tree,
that it is going to take a lot
of work and the wood chips
will fly into your eyes.

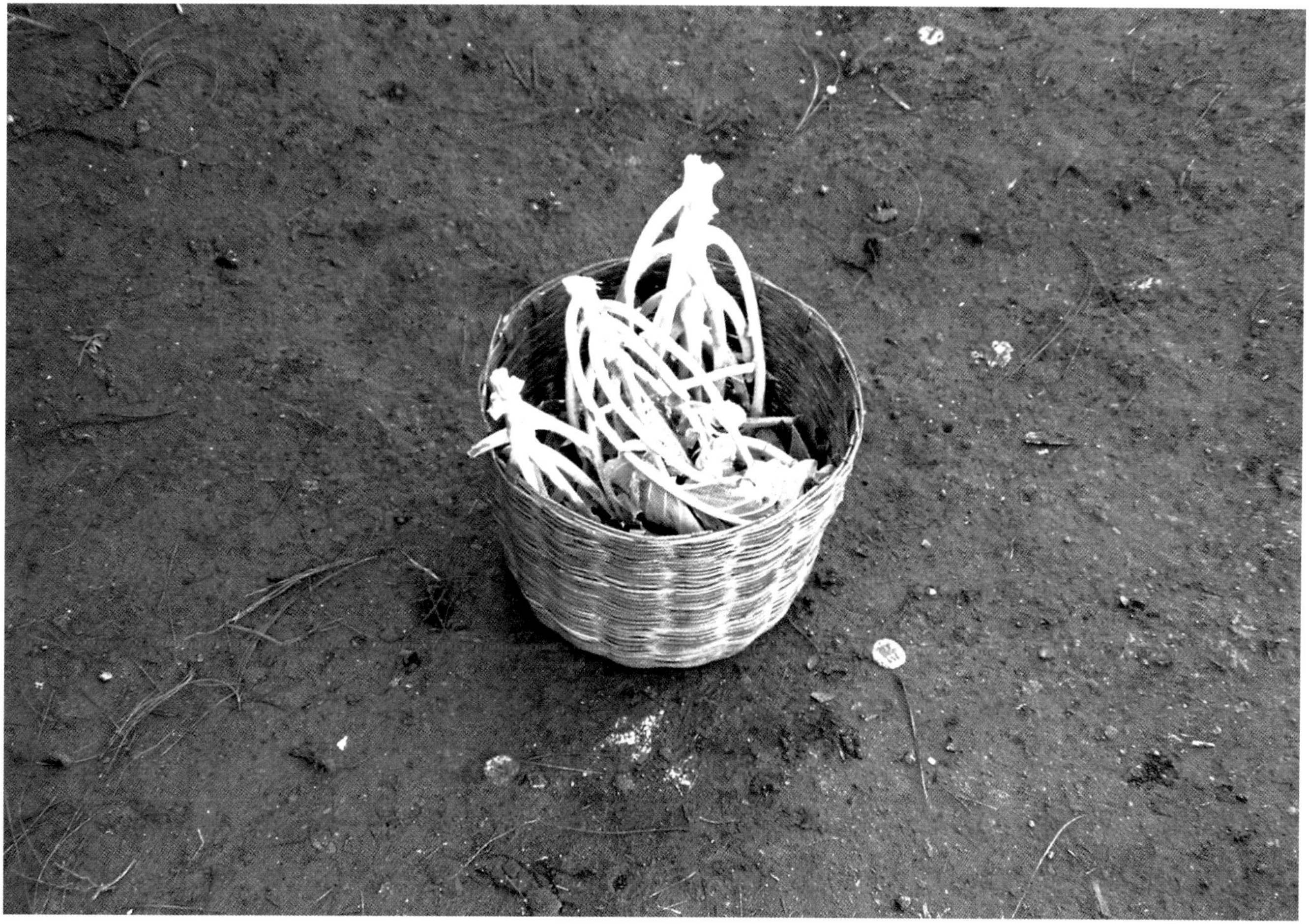

K'AJBEN XCHI'UK AJ

No pegar a alguien con rastrojo y carrizo

Do not hit someone with stalks and reeds

*Mu xtun jmaj jbajtik
ta k'ajben, ta aj,
yu'un ta la xijbakub,
li k'ajben xchi'uk aje
ch'abal ya'lel taki te'
je' cha'al jech tzlok'ta
ti jbek'taltike, ma'uk
no'ox vo'otik yu'un
k'alal ta chij.*

Si se le pega a una persona con rastrojo y carrizo, esa persona se enflaquece, ya que el rastrojo y el carrizo no tienen humedad, y lo mismo le pasa a nuestro cuerpo. Pero no sólo a la gente le provoca mal, sino también a los borregos.

If a person is hit with stalks or reeds that person will get skinny. Since the stalks and reeds have no moisture, the person's body will not either. This does not just harm people but also sheep.

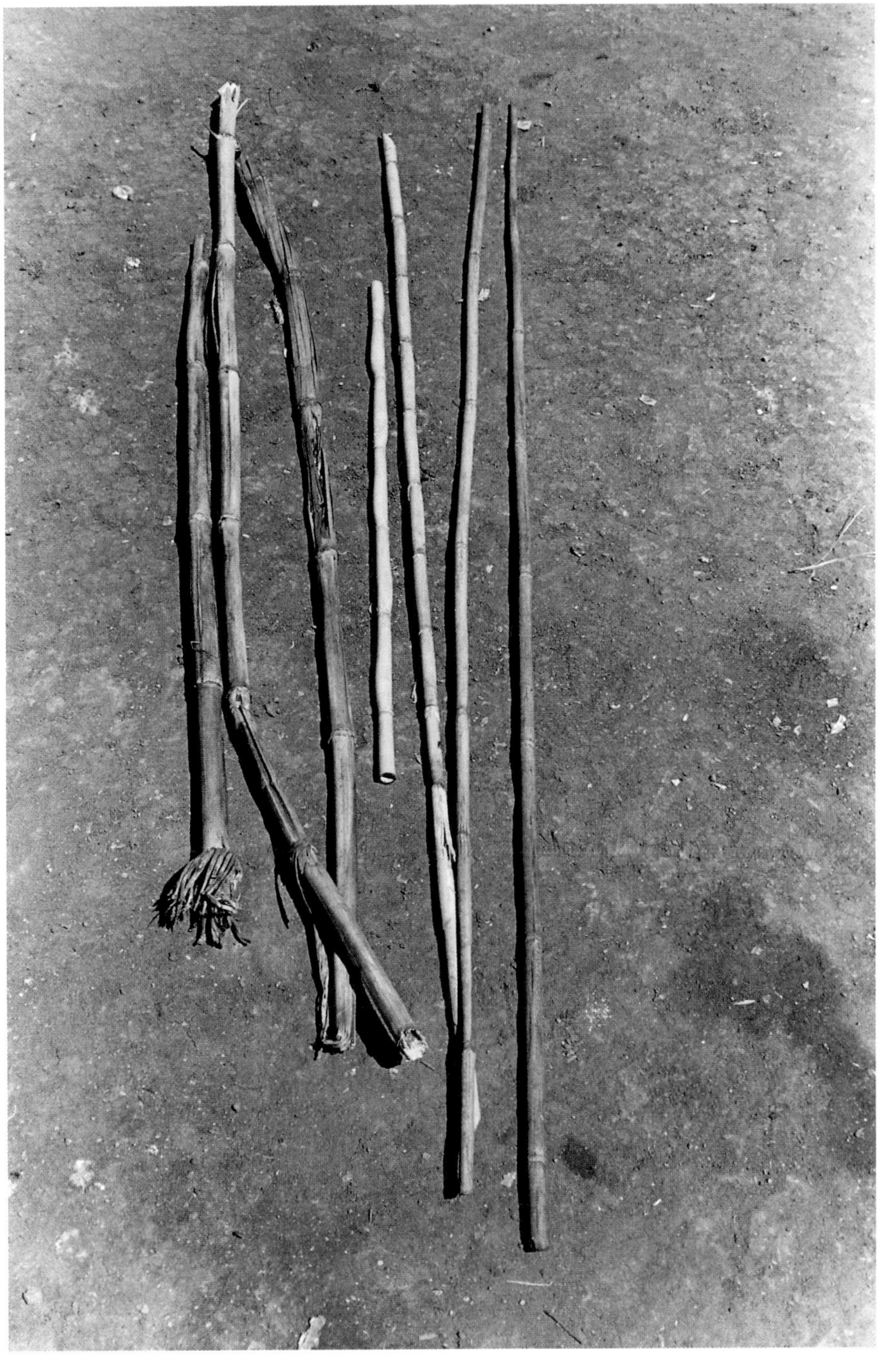

PIXOLAL XCHI'UK K'OK'

NO SOPLAR EL FUEGO CON EL SOMBRERO **IT IS BAD TO FAN A FIRE WITH A HAT**

Mu xtun jubtik o k'ok' pixolal, mi la yich' jubel o k'ok'e ti buch'u yajval pixolale ta la spas ta k'ux jol jeche' no'ox la xjimet sjol chbat.

No es bueno soplar el fuego con el sombrero, porque al dueño del sombrero le puede doler la cabeza, o siente mareo.

It is not good to fan a fire with a hat because the owner of the hat might get a headache or feel dizzy.

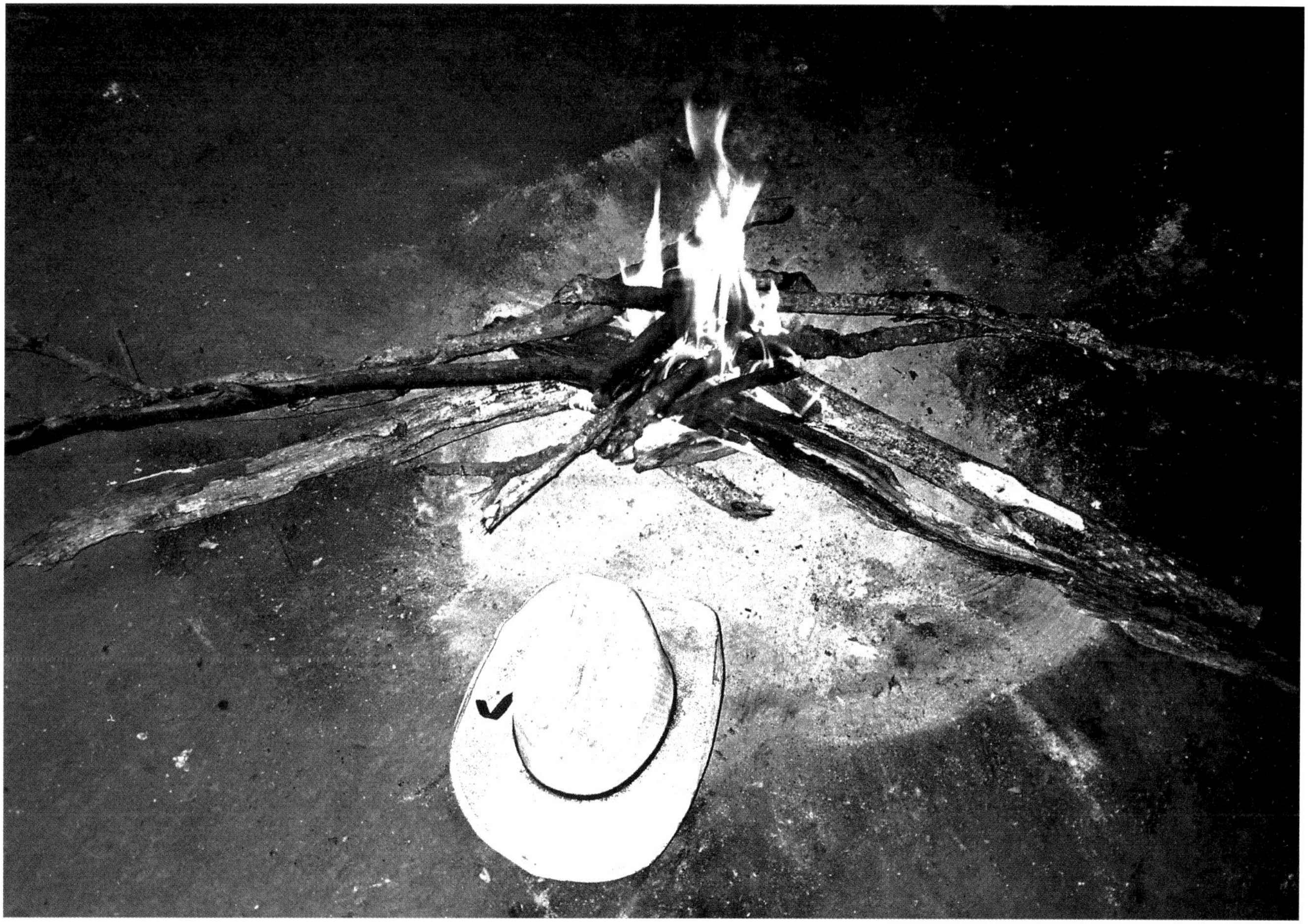

XOTBIL CH'OJON

Secreto para evitar que huya un asesino **A secret for catching murderers**

Yo' mu xjatav batel nom jmilvaneje (tey no'ox xjoyet ta stz'el sna), jech ti jmilele ta xich' ak'bel svayebin ch'ojon, ti ch'ojone xototet chich' pasel.

Para que no huya lejos un asesino (que ande nomás ahí cerca de su casa) acuestan al muerto encima de un lazo enrollado.

A murderer will not get very far (there he is lurking around your house) if you lay the dead person on top of a rolled noose.

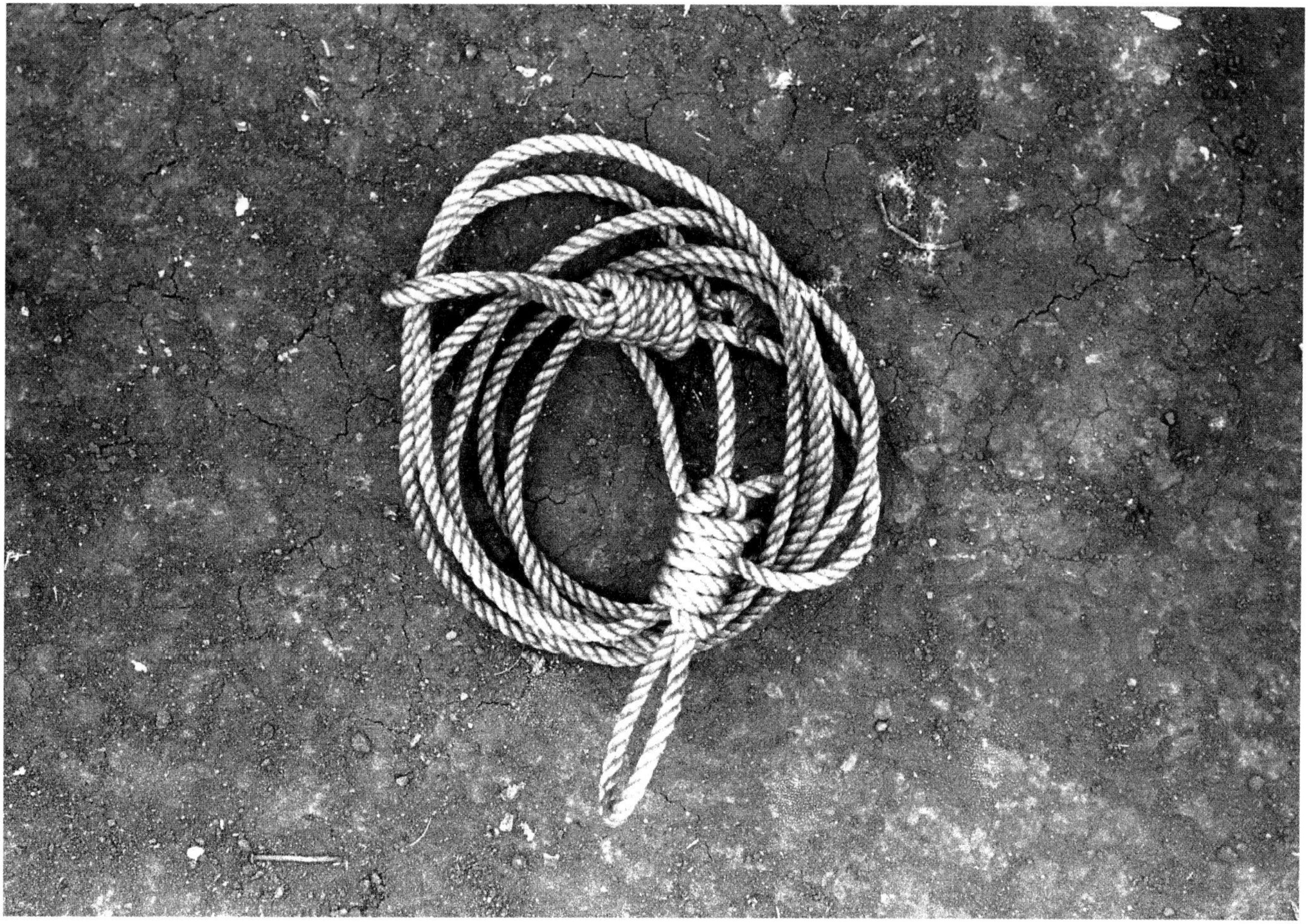

ILCHILAJEL TA VAECHIL

PASTOREANDO EN SUEÑOS   DREAMING OF PASTURING SHEEP

Mi chij'ilchilaj ta jvaechtike, yu'un me oy buch'u chcham, yu'un li chij lae sch'ulel la risano ja' ti xk'ulet xa ono'ox jk'elvanej mi lijchame.

Si uno se sueña pastoreando con los borregos, es que alguien llegará a morir. Se dice que los borregos son la gente que visitará al muerto.

If you dream of pasturing the sheep it is because someone is going to die. It is said that the sheep are the people who will visit the dead person.

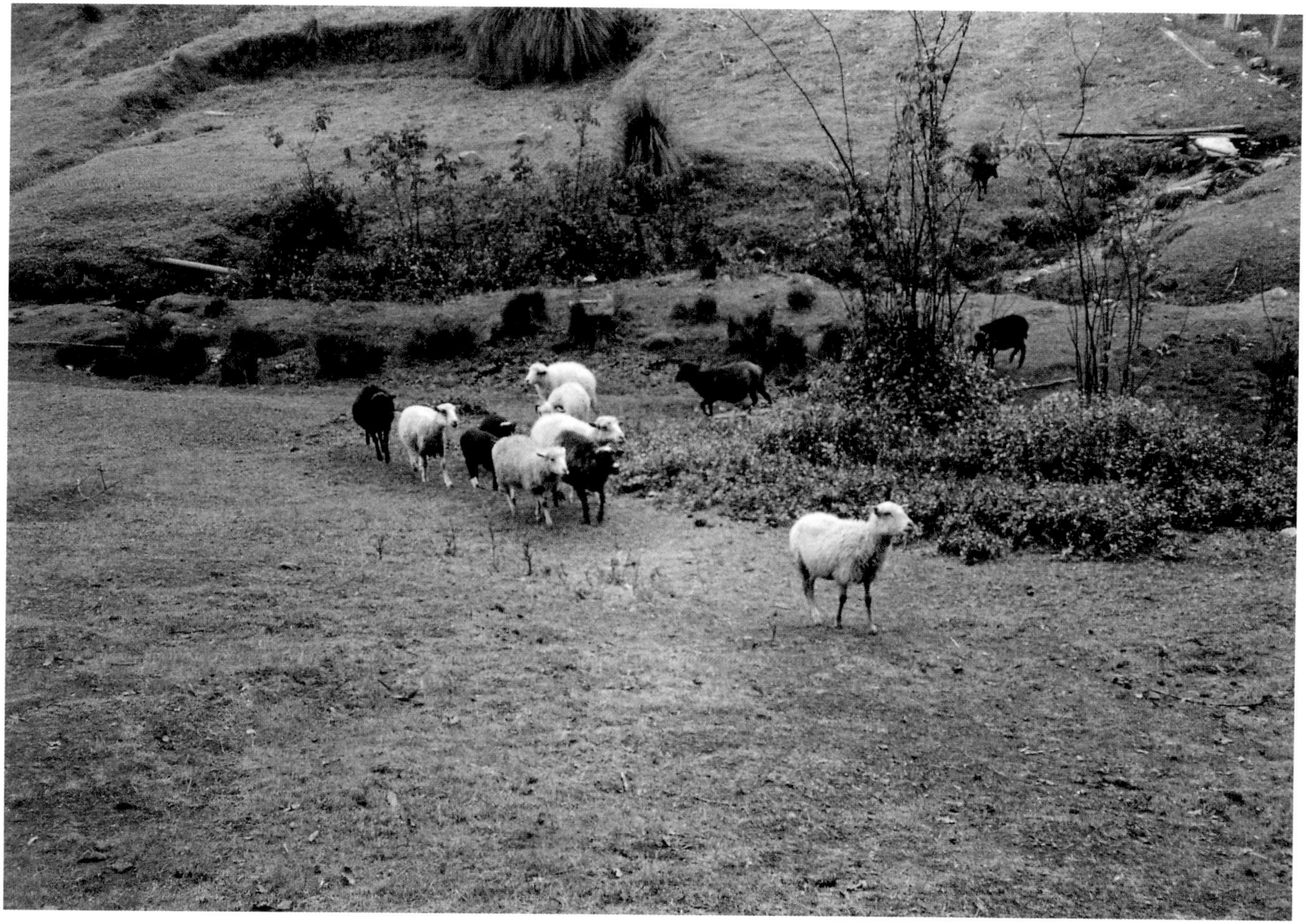

TZOTZ

LANA   WOOL

Mu xtun jchik'tik tzotz,
mi la jchik'tike ja'
chtub sat li chije.

No quemar la lana de borrego, porque si no se va a quedar sin vista el borrego.

Do not to burn sheep's wool because the sheep will lose his sight.

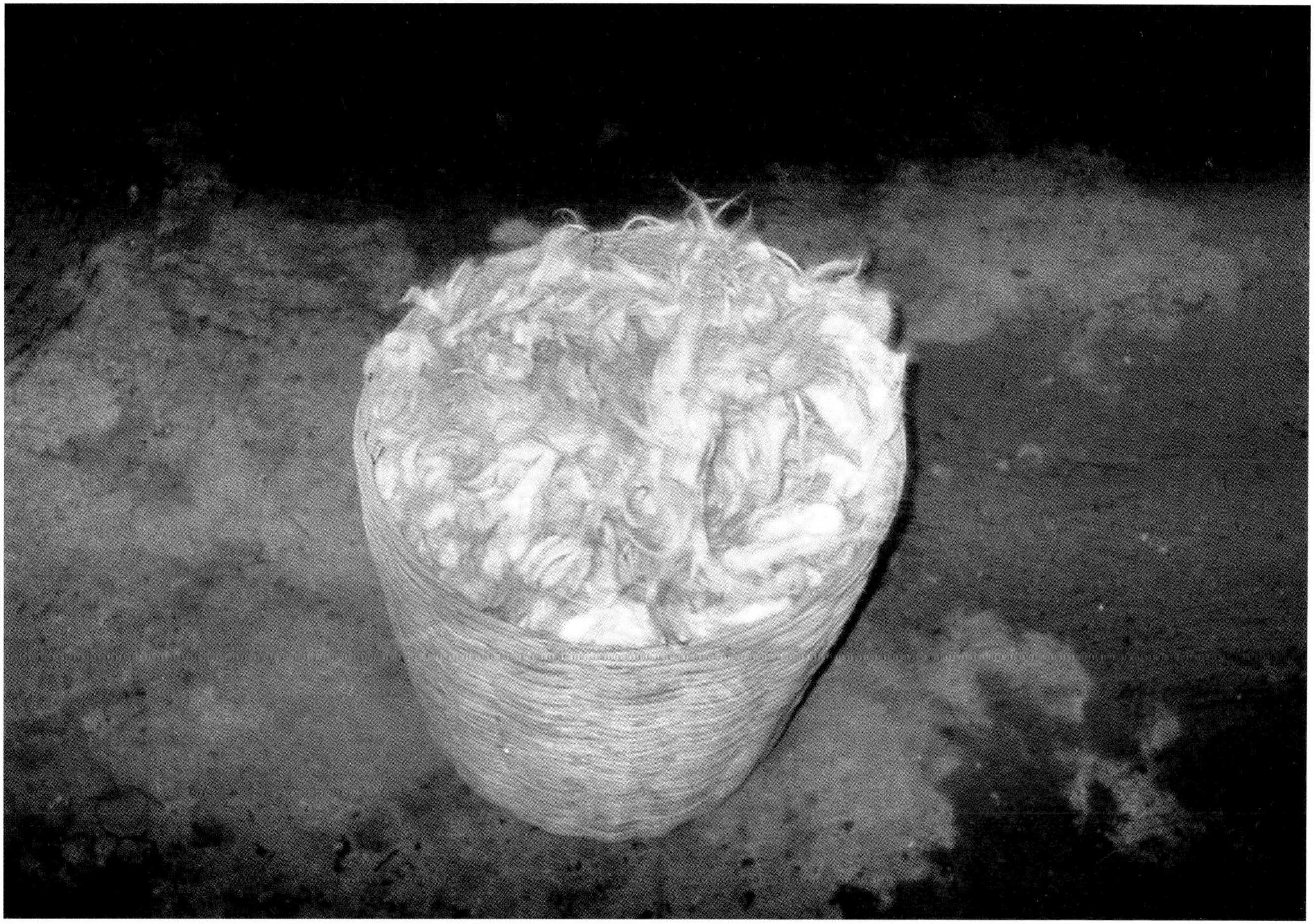

PISBIL BATZ'I NO

El estambre de lana   Wool yarn

Mu xtun xich' jipolanel ta ixtolanel li pisbil batz'i noe, mi yich' ixtolanele mu xlok'oj o jlik k'u'il, ak'o mi volabil ti jayvol ono'ox chich'e, yu'un la chbat ta ik' li sch'ulel tzotze.

Es malo jugar con el estambre de lana como pelota. Si se juega así, no va salir completa una prenda, aunque se haya contado cuántos pares lleva, porque se dice que al espíritu de la lana se lo va llevar el viento.

It is bad to play with a ball of yarn because the garment will not turn out complete even though the thread has been counted. This is because it is said that the wind will take away the spirit of the wool.

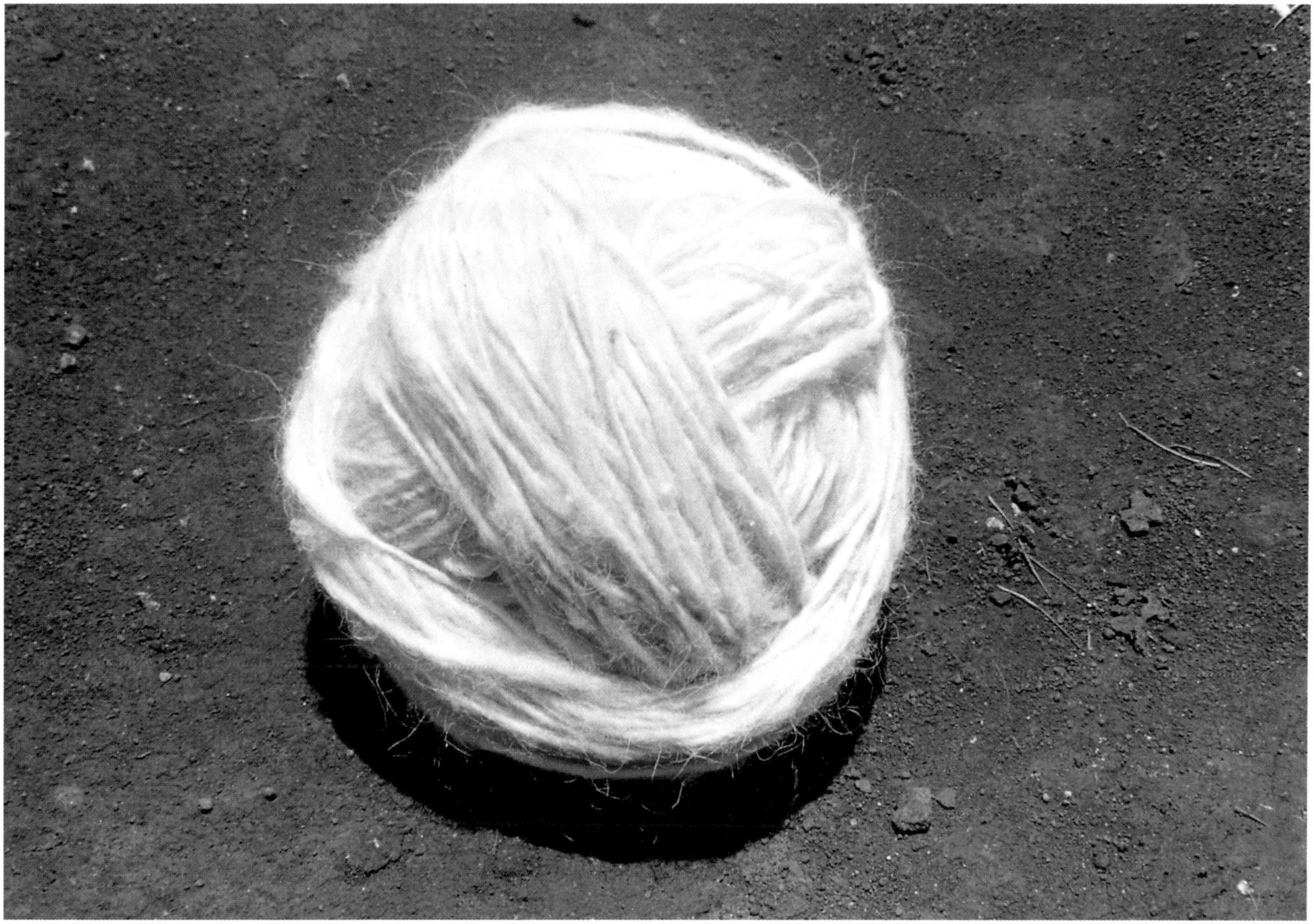

KOMEN

NO PASAR ENCIMA DE DONDE PREPARAN EL TELAR

DO NOT STEP OVER THE PLACE WHERE THEY PREPARE THE LOOM

Mu xtun xich' jetlubtael komen ak'alal chich' niel jolobile, mi yich' jetlubtaele chchuk sba li noe.

Cuando están preparando el telar no puede uno pasar encima, porque si pasamos se va enredar el hilo.

When they are preparing the loom (on the warping board) you cannot go over it because the thread will become tangled.

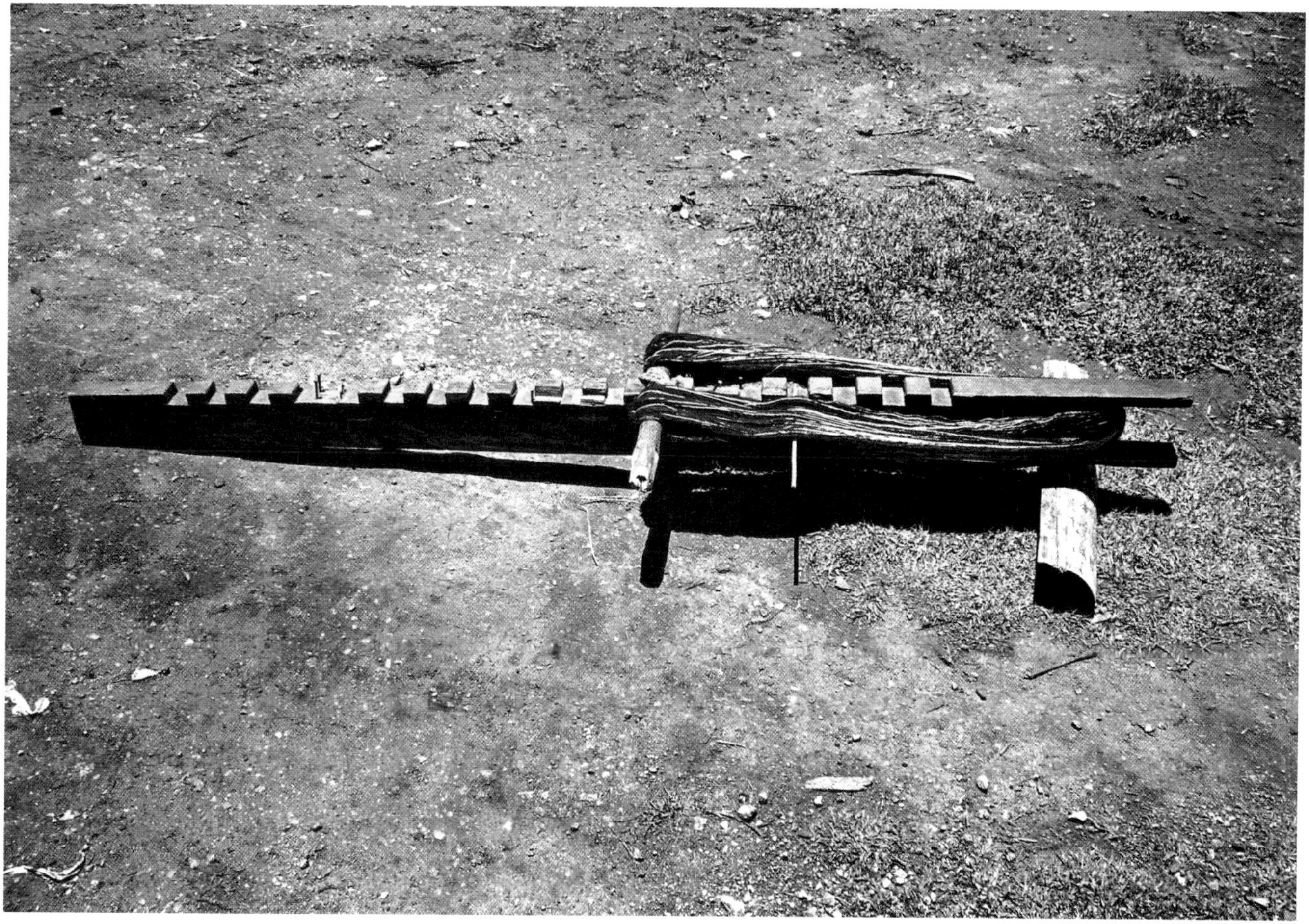

AKUXA
AGUJA NEEDLE

Mu xtun xijtz'isomaj ta ak'obaltik, yu'un sob no'ox la chmak jsatik.

Es malo costurar en la noche, porque de joven puede uno quedarse ciego.

It is bad to sew at night because from a young age you could become blind.

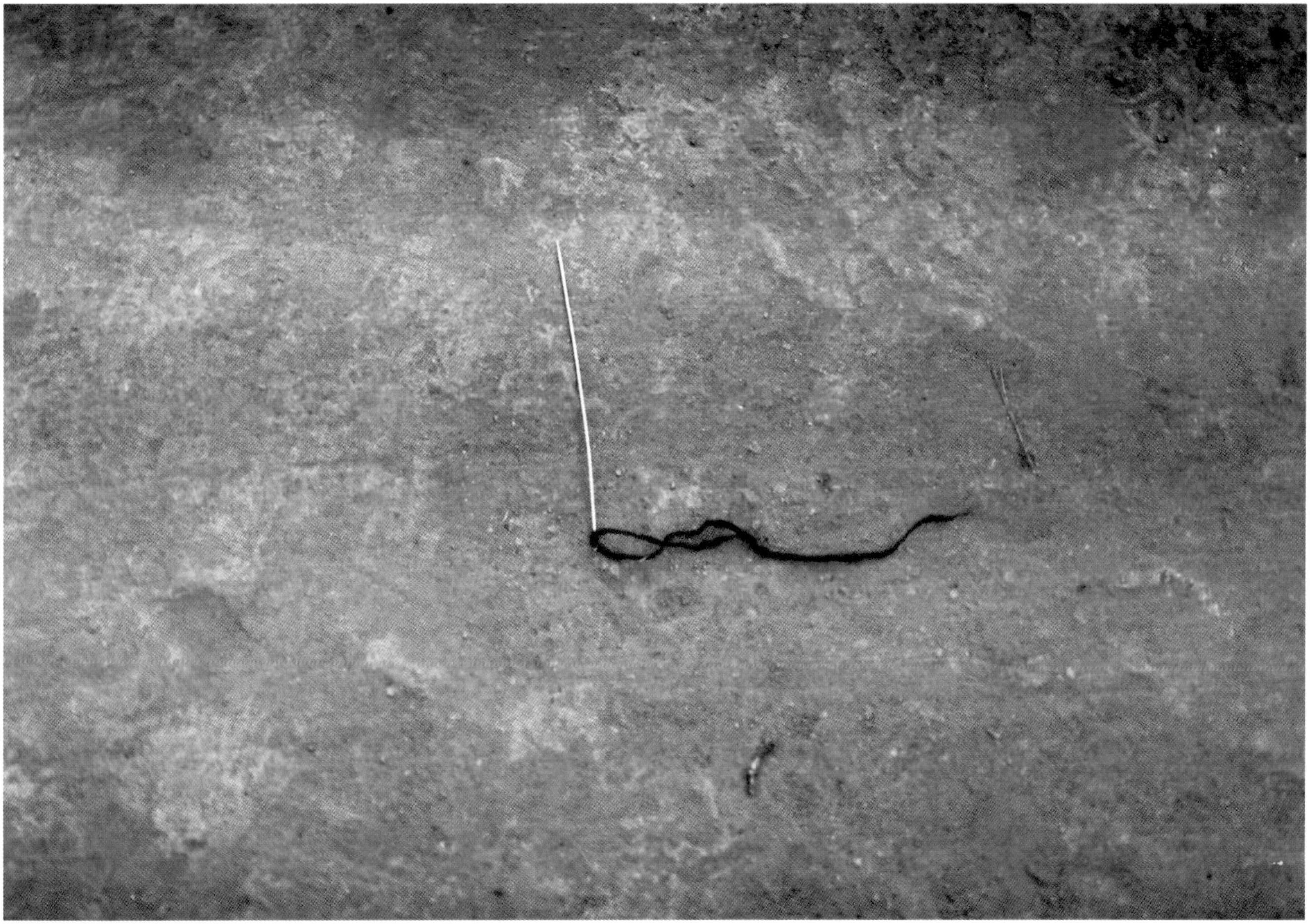

YE OLOL

No soplar en la boca del niño   Do not blow into a child's mouth

Mu xtun jvuch'tabetik ye olol, mi la jvuch'tabetike lok'el chti'van.

Es malo soplar en la boca de un niño porque nos muerde.

It is bad to blow into a child's mouth since if we do he will bite us.

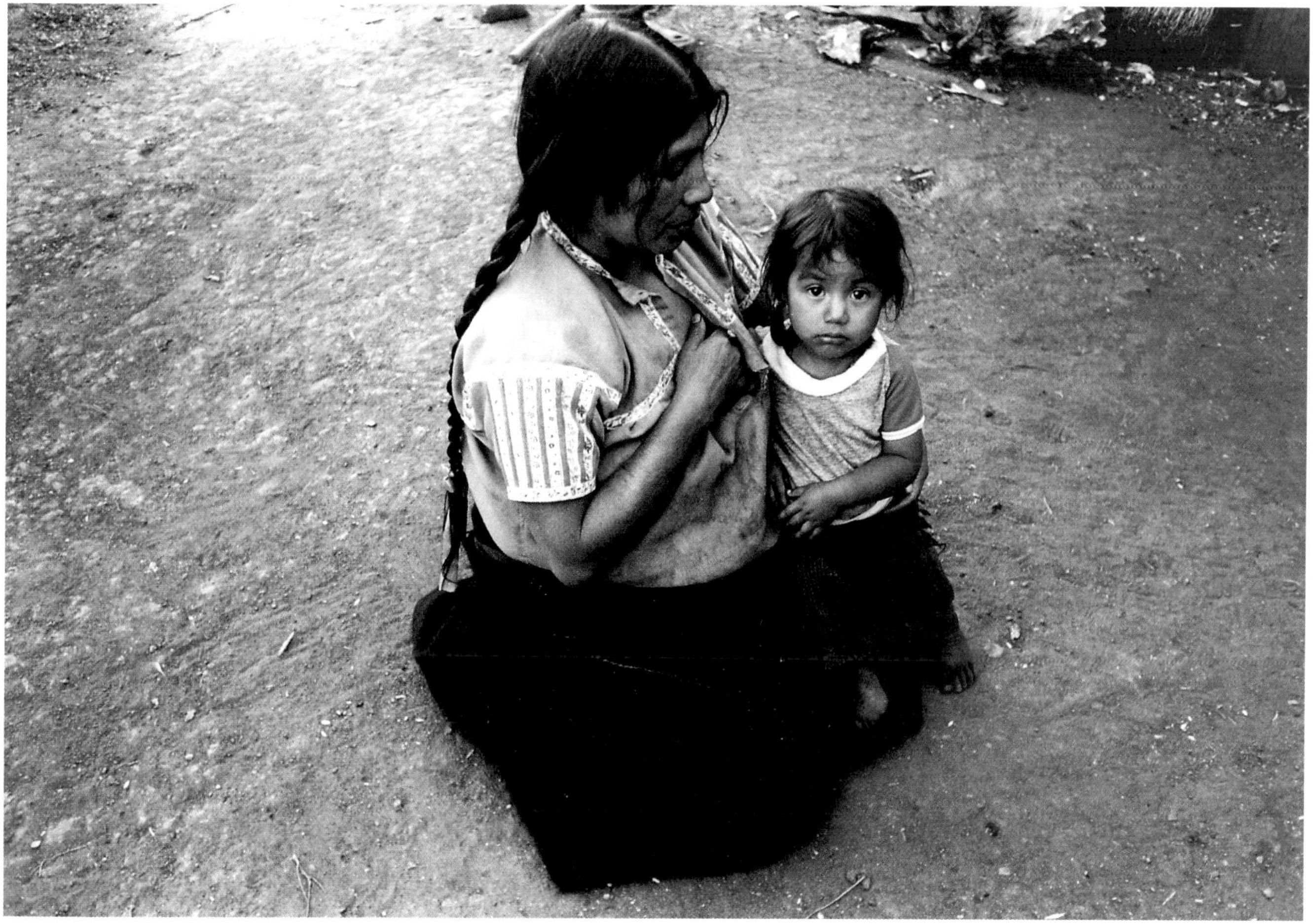

SMETZ'UL MUK'TIK BOT

PARA EVITAR QUE CAIGAN GRANIZOS GRANDES TO PREVENT LARGE HAILSTONES FROM FALLING

K'uxi ta metz'tael mi oy toj muk'tik yak' li bote: ta jtzobtik oxlajunbej, chich' juch'el ta cho', ja' no'ox ma'uk sk'ob chtune jalamte' tzk'obin.

Secreto para evitar que caigan granizos grandes: se recogen trece granizos y se empiezan a moler en el metate, utilizando como mano de metate el palo de tejer.

A secret to prevent large hailstones from falling: collect three hailstones and begin to grind them on the grinding stone, using the stick used for weaving.

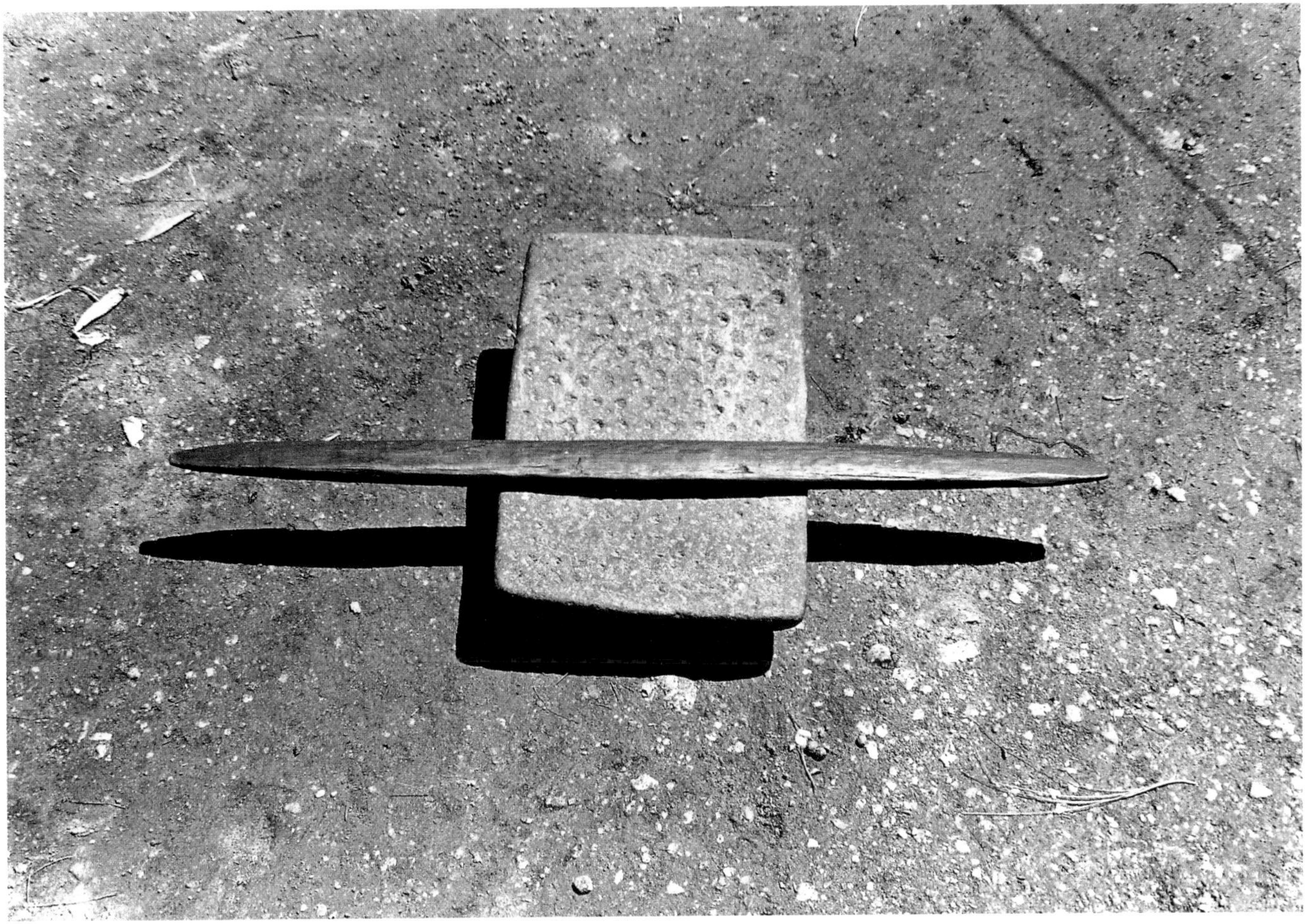

AGRADECIMIENTOS

Gracias a las personas que me apoyaron de Sna Jtz'ibajom (La Casa del Escritor), a Roberto Laughlin y a Jim Breedlove. Gracias a Carlos Montemayor que publicó los textos de las ***Creencias*** (1996). Y también a CIESAS Sureste, especialmente a la Dra. Gabriela Vargas Cetina y a Carlota Duarte. Y a mis padres que me dieron permiso para seguir avanzando. También al Centro de la Imagen, a Pablo Ortiz Monasterio, editor de mi libro, y a Patricia Mendoza.

Gracias también a Hermann Bellinghausen, que fue quien escribió el texto de la revista ***Luna Córnea*** en 1994, y a Ramón Vera por incluir comentarios y fotos en la revista ***Ojarasca*** en 1995. Gracias a la Fundación Ford, y en especial al Dr. Norman Collins, que me está ayudando para la publicación de mi libro.

Maruch Sántiz Gómez

ACKNOWLEDGEMENTS

Thank you to the members of Sna Jtz'ibajom (House of the Writer), to Robert Laughlin and to Jim Breedlove. Thank you to Carlos Montemayor who published the Creencias' *s text (1996). Thanks to CIESAS Sureste, especially to Dr. Gabriela Vargas Cetina and to Carlota Duarte. Thanks to my parents who gave me permission to continue my work. Thanks also to the Centro de la Imagen, to Pablo Ortiz Monasterio, editor of my book and to Patricia Mendoza.*

Thank you also to Hermann Bellinghausen who wrote about my work in the journal Luna Córnea *in 1994, and to Ramón Vera for publishing his comments and my photographs in the magazine* Ojarasca *in 1995. Thank you to the Ford Foundation, and especially to Dr. Norman Collins, for making possible the publication of my book.*

Invierno de 1997, Cruztón, Chiapas, México.

CREENCIAS

Se terminó de imprimir el 5 de febrero de 1998,

en los talleres de la Imprenta Madero de la ciudad de México.

Los interiores se imprimieron en papel couché de 150 grs.

y la portada en cartulina de 250 grs.

Se utilizaron tipografías de las familias Times y Lucina.

El tiraje consta de 2 000 ejemplares y la edición estuvo al cuidado de

Pablo Ortiz Monasterio.